名师工作室成果文库

原味语文

哲味、情味、趣味

YUANWEI YUWEN
ZHEWEI 、QINGWEI 、QUWEI

吴开宇 著

光明日报出版社

图书在版编目（CIP）数据

原味语文：哲味、情味、趣味 ／ 吴开宇著. －－北京：光明日报出版社，2020.2

ISBN 978－7－5194－5654－2

Ⅰ.①原… Ⅱ.①吴… Ⅲ.①语文课—教学研究—中等专业学校 Ⅳ.①G633.302

中国版本图书馆 CIP 数据核字（2020）第 037476 号

原味语文：哲味、情味、趣味

YUANWEI YUWEN：ZHEWEI、QINGWEI、QUWEI

著　　者：吴开宇

责任编辑：宋　悦　　　　　　　责任校对：陈永娟

封面设计：中联学林　　　　　　责任印制：曹　净

出版发行：光明日报出版社

地　　址：北京市西城区永安路 106 号，100050

电　　话：010－63139890（咨询），010－63131930（邮购）

传　　真：010－63131930

网　　址：http：//book. gmw. cn

E－mail：songyue@ gmw. cn

法律顾问：北京德恒律师事务所龚柳方律师

印　　刷：三河市华东印刷有限公司

装　　订：三河市华东印刷有限公司

本书如有破损、缺页、装订错误，请与本社联系调换，电话：010－63131930

开　　本：170mm×240mm

字　　数：155 千字　　　　　　印　　张：14.5

版　　次：2020 年 2 月第 1 版　　印　　次：2020 年 2 月第 1 次印刷

书　　号：ISBN 978－7－5194－5654－2

定　　价：56.00 元

序

教师的意义体现在哪些方面？我一直在思考这个问题。其实，答案，一直都在。不如来听一听学生是怎么形容他们口中的"老吴"：

——为师三件事：做人、育人、爱人。她不会舞刀弄剑，却在课上咿咿呀呀"唱"个不停，枯燥无味的白纸黑字被描绘得栩栩如生，让我们乐在其中；她不会花拳绣腿，拿出来的都是看家本领，一身文胆，拿起笔杆拼到底。

这是学生沈健写的，他个子矮小，沉默寡言，却是社团折子戏主演，在舞台上爆发力惊人，声音清亮纯澈。曾经，谁都不相信他会艳惊四座，我也曾怀疑，但是华彩的现场见证了一切。

——表演课本剧《茶馆》，我上场前早已将台词倒背如流，可上台之后就不一样了，完全靠着本能接台词，手抖到周围的同学都看不下去了，到最后一句时居然卡壳，情急之下随口编了一句。等下了台我原以为老吴会骂我怎么记不牢台词，但没想到她反而夸我随机应变。在学生犯错时不仅能体谅，还能从另一面看出他的与众不同，这就是老吴的优点。

这是学生费超越写的，他的"人生第一次登台"，是出演《茶馆》折子戏，台上当众卡壳，现编了一句台词，与搭档不露痕迹地圆了过去。

——我跟吴老师的接触可能比平常的同学多一些，我经常去参加演讲比赛，吴老师又是我的指导老师，所以我们经常会在一起讨论，练习，备赛。每次训练总是让我收获颇多，吴老师总是一遍又一遍不厌其烦地给我演示正确的演讲方式，而每次的演讲稿，吴老师总要花上很长的时间来细细地帮我改进，有时改一篇演讲稿，可能比我写一篇的时间都要用得长。吴老师总是突然抛出一个问题让我们即兴回答，一开始我们都不知所措，这也太难了吧？这个问题好刁钻啊，这怎么回答呀？但是就是这样一次又一次刁钻的提问，锻炼了我们的思维能力，我们从不知道说些什么，到能说上一两句，再到能从很多方面去剖析同一个问题。

这是学生柏哲元写的，个性飞扬跳脱，这次却难得文风朴实。全国文明风采"征文演讲"大赛，他自信洒脱，拿下了二等奖，参赛作品在"江苏职教风采"微信号上展播。当时时间比较紧，推翻重来了好几次，挨训是常态，但他练得很认真，嗓子都哑了却没叫一声停。

——您是一位特别棒的老师，您足够新潮，对时下热门、异国文化、App 都抱有极大兴趣与热诚。您上课时点评时事，不时穿插一句古今玉言，我都会在心中默念一遍，发自内心地道一句"赞"。当您偶尔与我们抱怨时，我知晓，您已把一切安排妥当。敏捷冷静、思维高效、言辞犀利，是您的专属标签，或许，这就是我们今后行走的脚印。

这是学生李子恒写的，一个酷爱动漫与游戏的内向宅男，刚来班上时，讷言沉默独来独往。然而，等发掘了他在信息化上的优势之后，他们这个四人学习小组，就遥遥领先了。无论是图文海报、社团 LOGO、还是班徽、电子小报，都以绝对实力拿下了第一。

每一个学生的天赋、秉性、特质都不一样，只要点燃他们的心火，他们每一个都可以熠熠生光。而你的一举一动，一点一滴，实际上，学生们都能捕捉到其中的深意。

原味语文名师工作室，三年来不疾不徐一步一个台阶，2015 年 9 月获评海门市中小学名师工作室，2017 年 4 月获评南通市职业教育名师工作室，2018 年 6 月获评江苏省职业教育名师工作室。"让每一个学生发声，让每一个学生绽放"，正是工作室努力打造的"理想国"。

曾经无数次遥想当年的西南联大，清华、北大、南开三所大学于战乱年代，坚韧不拔，薪火相传，联手缔造了一个"战争沙漠"里的"文明绿洲"。这所临时学校的三角形校徽，可以说是最坚硬的。

入夜，一多自燃一灯置其座位前，勤读《诗经》《楚辞》，遇新见解，则分撰成篇；雨僧则为预备明日上课，抄笔记写纲要，写定则以红笔逐条加以勾勒，在此流寓之中上课，其严谨不苟有如此，翌晨，雨僧先起，在室外晨曦微露中，出其昨夜所写各条，反复循诵。

——摘自钱穆《师友杂记》

草棚数间，泥泞简陋，正是因为有了这些人，固守于方寸之间，挺立于狼藉之下，那些岁月才有了意义和价值。这让人联想到了西西弗斯。

西西弗斯幸福吗？这个问题还需要回答吗？西西弗斯可能比任何人都清楚自己的结局，然而，他未曾逃离，而是选择承受。当万物沉默，周遭黑暗，你仍可以看到一束光在移动，那是西西弗斯的坚持，如果一个人可以为一件事而奋斗一生，说他幸福毫不为过。

所以，西西弗斯的故事，有一个精彩的结局：当诸神发现，西西弗斯在每日的重复劳作中，陶醉于自己堪比健美教练的线条的美，陶醉于自己运行石块时的韵律与力量之美，突然觉得惩罚失去了意义，于是，神的惩罚终止了，而西西弗斯的幸福，却延续着……

目　录
CONTENTS

哲　味

情　味

趣　味

哲　味

诗意与思辨

一、轻"闲"下的"执"念

元丰六年，苏轼写下《记承天寺夜游》。若他生在现在，则可以将这一创作说成：

元丰六年十月十二日夜，苏轼在朋友圈发了一条"说说"，直到现在，依然有人为这条说说"点赞"。

解衣欲睡，月色入户，欣然起行。念无与为乐者，遂至承天寺寻张怀民。怀民亦未寝，相与步于中庭。庭下如积水空明，水中藻、荇交横，盖竹柏影也。何夜无月？何处无竹柏？但少闲人如吾两人者耳。

文中写景的这句"庭下如积水空明，水中藻、荇交横，盖竹柏影也"历来为人所称道。这一句清新可人，灵动有趣，自然极妙。然而，也不是没有人这样写过，柳宗元的《小石潭记》中就有类似的句子：潭中鱼可百许头，皆若空游无所依。柳宗元以水为空，写出了水之深静；苏轼以空为水，写出了月之澄澈。就笔法而言，两者实在是难较高下。

要说不同，大概是两人彼时彼地的心境。苏轼见月而喜，一跃而起，出门暴走。而柳宗元呢？枯坐潭上，四面竹树环合，寂寥无人，凄神寒骨，悄怆幽邃。以其境过清，不可久居，乃记之而去。一样是人到中年，一个天真如孩童，一个忧思如暮者。与其说我们喜欢《记承天寺夜游》的轻灵别致，不如说我们喜欢的是写下这样文字的烂漫率真的"老顽童"苏轼，喜欢他对天地万物身边周遭始终抱有纯粹的热烈。

然而，连诗仙李白都曾顾影自怜，举杯消愁。贬谪的苏轼又怎会没有情绪上的波动？他写下这则小记，心中自有宁静欣悦，自有天然风趣，但他的内心深处依然有一道疤，苏轼越是喜悦，越是闲淡，那块疤就藏得越深。这篇小记，与其说意犹未尽的是苏轼心中即兴偶感之美，倒不如说是描写了苏轼在夜晚为贬谪的伤感。

那一晚月色照见的，分明是苏轼倏忽不定的心事。一方面，他自觉自由舒畅，有通透的情感，闲适的时光，良朋的陪伴，并且又有些瞧不上官场的纷扰嘈杂；另一方面，人生跌宕的失落之意又如影随形，潜藏于心。这些缠绕错杂的情感交融在一起，一起形成了那个千古空明的夜，定格于历史的上空。

苏轼毕竟是苏轼，纵然有满腹不能言说的隐痛，他依然可以放空自我，没有错过这一夜月色的清明。这一夜，假使苏轼依然在朝，恐怕是没有这种闲情雅致的，或者为公务所缠身，或者陷于朋党之争。幸好，彼时他在黄州，享受着一种"局部"的"自由"。出门，寻人，携行，赏月，一气呵成，心想事成。原本冷色调的月光，也因此有了情味与趣味，呈现出天底下独一无二的一份悠远和清幽。

为何人生际遇波折重重理应惆怅甚至怨愤的苏轼却偏偏能欣赏到如此纯粹的月色？明明那一晚的月色，并非满月；那一晚亦非良辰，不过是一个平常的夜晚。为何"这一夜"经由苏轼动笔，就成了此后文人交相艳羡的"月夜"？然而，又为什么一定要赏满月，品名花，醉美酒，才算是雅事、幸事、美事？这样一种刻意的"精致"多多少少失去了一点偶然的意趣。俗常的我们，常常会因为追求一种所谓的"仪式感"，而失去了万物之本心。

苏轼早已经跳出了这个窠臼，天下万物，无一不可爱，无一不可观。他自言，"吾上可陪玉皇大帝，下可以陪卑田院乞儿，眼前见天下无一个不好人"。偶见月明，便思赏月，独乐乐不如与人乐乐，便思寻友，不管夜深与否，来一场说走就走的旅行，见一个想见便见的友人，赏一段无时不好的月色。正所谓：不期偶会，兴味至佳。人生的许多美好瞬间，都不是刻意而得，而是随意偶得。这段随思、随想、随行的"夜旅"背后，是苏轼的随心、随性、随缘，是苏轼身上隐隐若现的魏晋之遗风。

如果说《记承天寺夜游》展现的是苏轼与张怀民是一拍即合，无需多言的心灵至交，那么无独有偶，张岱的《湖心亭看雪》展现的是一缕不灭的文人精魂。承天寺的月色清冷中有暖色，湖心亭的

3

积雪冷冽中有坚守。

雾凇沆砀，天与云与山与水，上下一白。湖上影子，惟长堤一痕，湖心亭一点，与余舟一芥，舟中人两三粒而已。

到亭上，有两人铺毡对坐，一童子烧酒炉正沸。见余，大喜曰："湖中焉得更有此人！"拉余同饮。余强饮三大白而别，问其姓氏，是金陵人，客此。

比之苏轼，张岱更是无处可去，无路可逃。所以，他笔下的雪景，是淹没性质的，这"一点""一芥"与"两三粒"是中国文人拼死守住的文气、贵气和清气。天地浩渺，总有几处棱角露出峥嵘。从手法而言，苏轼与张岱，都是四两拨千斤的写法，苏轼以"空"写"满"，以"虚无"写"浸透"；张岱以"点"写"面"，以"微"写"净"。从文字背后的心境而言，苏轼与张岱，都是骄傲的，中国传统文人轻"闲"背后的"执"念，一直都根植于心，那是灵魂不灭的一点微光，也是文化千年的一点回响。

苏轼夜游，有张怀民相伴在侧；张岱赏雪，有金陵客邀酒。友大抵是实，客或许是虚，虚实之间，两人的幽微心事却都有了着落。苏轼汲取到的是人世的温情与依傍；张岱多添了一笔的，是人生的微末慰藉。苏轼与张怀民"相与步于中庭"，两人或许喁喁细语，或许相谈甚欢，或许此时无声胜有声，总归是笼于月下，沐于月色，人生有一个归处。而张岱却是有那么一点拼将一死酬知己的孤勇与放纵了，于是他才"强饮三大白而别"。文弱书生，理当惯于浅吟低唱，细杯香茗，这一次却是豪饮不拒了。这纵情恣意的背后，是倾泻而自不知的末世的苍凉，国破家亡的哀痛；是明知如此这番的赏雪，是回不去的往昔，是不可再得的幻想。我们思及过往，沉湎的也不过是一些些无关紧要的小事。命运的吊诡常常会令人滋生出一些另类的情愫或者举止，有人状癫狂有人隐山野，以此来宣泄内心的不满。然而苏轼与张岱，都是一种接受和消化的姿态。如果要说不同，那么张岱是将隐痛藏于字间，用清淡的不露声色的文字，营造出一个隔绝的孤立的世界，而苏轼，却是将小我置身于大我，用江风明月，浇灌内心，洗涤出一个无处不在的与周边融合的世界。不能说哪一种更可贵，但至少，苏轼的世界比张岱的世界要来得温暖和超脱。

"以物观物，性也；以我观物，情也。性公而明，情偏而暗。"苏轼难得就难得在，他有情，也懂情，却更能在情中还原物之本色，洞察物之生命的本源。所以，他不仅与友人，也与月与这方天地平等对视，共享这一份宁静与清幽。如此，这一晚的月，便跳出了时间与空间的窠臼，高悬于由古至今每一个孤独者的心间，洒下点点微光。

于是，我们明白了，承天寺那一晚的月色为何如此温暖、如此柔和？如此令人艳羡与神往？因为苏轼有天地环绕，有知己在侧，有放下的智慧，有欣赏的纯粹，他的心灵有依傍。天地再大，不觉其空，心满意足。反观李白，他的月下独酌，因为独自一人赏月，方寸之地，徘徊来去，顿觉天地之大，月影惆怅，孤独无依。

承天寺这一夜的月色、竹柏之景，因为人，因而有了千古的温情和空明的颜色。清澈永恒的月光，温暖了千古寂寞心。

再读"怀民亦未寝"，此句看似平淡无奇却分明有种呼之欲出的小窃喜。这是两个知己之间心有灵犀、意气相投的某种共性，亦是呼应浩渺天地，仍有可与为乐者的一种畅快。试想，在这月下，在这荒凉年月冷僻境地，亦有人与我一同静静感受着自然的美景并获得内心的宁静，这是何等的快慰人心。《记承天寺夜游》寥寥百言，通篇涌动的是至交之间心灵相契的暖意，而这暖意将尘世里的烟火气、人情味与古代文人的文气凝结成了一种不可复制的人间雅致。

或许我们在仕途上还能与古人一较高下，金钱上也能与之论论长短，可苏轼与张怀民之间的那份纯粹的情感，那种天然的雅意，却是很难再觅了。或许有一天，你我也会突发兴致，想去寻一寻那"积水空明"，那"竹柏影也"，然而，可能要花费很多的时间才能找到那个彼此的"张怀民"。相知已是不易，还要审美的情趣相契，生活的态度相投，个人的脾性相类，这概率恐怕微乎其微了。"夜月""苏轼""张怀民"，形成了一个恒久不变的稳定"三角"，交相辉映，彼此增色。

李白的对影相酌，是一个人的月下；柳宗元的小石潭，是一个人的小石潭；朱自清的荷塘是一个人的荷塘；张岱的湖心亭，是一个人追忆的曲终人散；而苏轼的承天寺，那一个正好有月亮的夜晚，是两个人的承天寺，那月光是温暖至今的人性的月光。刹那即永恒！

二、谁来面朝大海，春暖花开?

海子的《面朝大海，春暖花开》，全诗充斥着纯粹的理想主义情结。辽阔到极致，绚美到极致，又自由到极致。

古人有言"大隐隐于市，小隐隐于野"，李白的退隐乃愤而舍弃，王维的闲适乃余暇的消遣，陶渊明的隐居乃烦忧如影随形。太多的文人骚客言之凿凿，实质或隐而待发如诸葛；或隐而作秀如子陵，真正能放下一切的罕矣。而海子的退隐却是发自内心。

从明天起，做一个幸福的人

喂马，劈柴，周游世界

从明天起，关心粮食和蔬菜

我有一所房子，面朝大海，春暖花开

从明天起，和每一个亲人通信

告诉他们我的幸福

那幸福的闪电告诉我的

我将告诉每一个人

给每一条河每一座山取一个温暖的名字

陌生人，我也为你祝福

愿你有一个灿烂的前程

愿你有情人终成眷属

愿你在尘世获得幸福

我只愿面朝大海，春暖花开

又想起徐志摩，一生为着一个愚诚的倾向，把所感受到的复杂的情绪尝味到的生活，放到自己的理想和信仰的锅炉里烧成几句悠扬铿锵的语言，来满足他自己本能的艺术的冲动。他的一首《偶然》感叹人生，充满情趣哲理。

> 我是天空里的一片云
>
> 偶尔投映在你的波心
>
> 你不必讶异，更无须欢喜
>
> 在转瞬间消灭了踪影
>
> 你我相逢在黑夜的海上
>
> 你有你的，我有我的方向
>
> 记得也好，最好你忘掉
>
> 在这交会时互放的光亮！

"得之我幸，不得我命"徐志摩骨子里应是早看透了生命的真谛，一切随风，看似率性飘逸。人生的精彩便是尽力扮好自己的角色。诗歌的灵性太飘忽，偶尔的暂驻已是天赐。

韦陀花开放在黑夜，也许永不为人知，但它依旧如常，不会赌气不再绽放，亦不会稍稍延长一秒。

海子、徐志摩都是难得诗歌里有一股清气涌动，天真梦想的诗人，多情总甚于寡情，无意而为总甚于精雕细琢。若说冷冽清癯，想起少年夏完淳，许是与南明的历史有关，这位早熟的少年过多地有股郁凉和苍老。"三年羁旅客，今日又南冠。无限河山泪，谁言天地宽！已知泉路近，欲别故乡难。毅魄归来日，灵旗空际看。"惊雁之哀鸣戚戚可闻。

少年从来多慷慨，热血倾洒魂魄洗。少年，可以登临远啸，千里飞骑，为情猖狂，舍掷万金，更可以为国洒热血。所以夏完淳肝胆之心照耀史册，陈天华蹈海自尽震惊世人，鉴湖女侠"一腔热血勤珍重，洒去犹能化碧涛"。

豪情满怀之人自有浩然之气令人不可逼视。"自古英雄皆寂寞"，海子身上八十年代理想主义的光华映照至今。海子隐居的美梦让我们向往和垂涎。

青春的灵魂如此相似，不免让我想起一样决绝的诗人兰波，19 岁封笔。

　　　　找到了！
　　　　什么？永恒。
　　　　那是太阳与海
　　　　交相辉映。

三、用人间烟火的方式打开《世说新语》

棹雪访戴

历史的长河里我想去的地方挺多，长安、汴京、临安、京师，徒羡那一时的风华。但心底一直倾注于两个时代，一是先秦，大胸襟大气度。一是魏晋，禁锢下的自由放达。

于是，越发怀念《世说新语》，怀念那些特立独行，精神奔放的妙人。便想挑些感兴趣的人物来发表见解。

由谁开始呢？就从棹雪访戴开始吧。王子猷居山阴，夜大雪，眠觉，开室，命酌酒。四望皎然，因起彷徨，咏左思《招隐诗》。忽忆戴安道，时戴在剡，即便夜乘小船就之。经宿方至，造门不前而返。人问其故，王曰："吾本乘兴而行，兴尽而返，何必见戴？"

王徽之是一个行为艺术家。赏雪饮酒，这还不出奇，许多人都爱对酒当歌，临月吟诗，将这趣味上升到极致的是湖心亭看雪的张岱，淡寡到天地虚无。然而王徽之多了热情与酒脱，独乐乐不如与人乐乐，想起了老友当即出行，一夜荡舟一夜闻雪，这一夜的绝妙时光会想些什么呢？天地之浩大，人之寂冷？雪会消融？旧友阔别双双迟暮？莫非是近乡情怯，才最终不见。乘兴而来，兴尽而返，可说是世间随意而为的先驱。趁兴而来，不见，酒脱俊逸扬长而去。若是戴逵得知此事，肯定是了然老友的心绪历程。

这个心想事成的故事让人喜欢。那一夜的大雪，皎洁明亮，那一夜的人，眼亮如星辰，心内沸腾翻滚。

醉酒刘伶

刘伶身长六尺，貌甚丑悴，而悠悠忽忽，土木形骸。

刘伶以酒留名，著名的桥段之一：刘伶恒纵酒放达，或脱衣裸形在屋中。人见讥之，伶曰："我以天地为栋宇，屋室为裤衣。诸君何为入我裤中？"相传刘伶经常携着一壶酒，乘坐着鹿车出游，让随从扛着铁锹跟在后面，对随从的人说："我要是醉死了，你们就地把我埋了！""漫说刘伶，古今达者，醉后何妨死便埋。"嗜酒成痴狂的刘伶，最后醉死的结局应该算得偿所愿。可惜酒越饮越清晰。

那是魏晋，举国爱美，刘伶既然不能以美闻名，索性"借杯中之醇醪，浇胸之块垒"，居然饮酒饮出了一篇千古奇文《酒德颂》，视天地与万物如草芥。倒又让我想起写斗鸡檄文的王勃，一样狂放不羁，玩世不恭。

孔融之子

孔融被收，中外惶怖。时融儿大者九岁，小者八岁，二儿故琢钉戏，了无遽容。融谓使者曰："冀罪止于身，二儿可得全不？"儿徐进曰："大人岂见覆巢之下，复有完卵乎？"寻亦收至。

惜乎，此二儿未得长成。孔融还是有书呆子的习气，也或许是慈父心肠不得不求。不如两小儿洞察于心，曹操既下了杀融之意，便会彻底铲除，又岂会留下隐患。大难临头，孔融也不免为幼儿哀求，舐犊之情总是可爱，温文桀骜的孔融临死的哀哀之声让人动容。

只是两稚龄令人惋惜，他们的胆色和气度又何逊于孔融？泰山崩于顶而面不改色，小小年纪就视生死如等闲，就算下一秒消亡也要尽兴这一秒，还"训诫"自己的父亲不识时务。如若长成该是何等翩翩君子。

笔者对老成小儿一向没有免疫力，喜欢老成持重的小孩，如新少林五组的小谢苗，潜意识里隐隐希望小儿也能如此，但又深知自己的残忍，剥夺了小儿烂漫的权利。习惯的传承真是可怕，笔者的童年就是少而苍老，据说有桩轶闻流传甚广，五岁光景随父及姑姑去吃饭，席上主人布让，呼了某老，又呼某小，笔者抢在姑姑前答应，好的好的，不客气，一时满座侧目。恐怕都在诧异一个黄毛丫头哪来的这么强烈的自我意识。也许是没有幼稚的童年眼下正可以投了小儿的脾胃，他一向摸不清自己的妈妈何时威严何时嘻哈没有正形，这样虚虚实实母子间打起了游击战。一直很艳羡汪曾祺与他父亲多年父子成兄弟的境界，儿子成熟的速度惊人，此日不远矣。

可爱曹操

在《世说新语·容止》里记载：

> 魏武将见匈奴使，自以形陋，不足雄远国，使崔季珪代，帝自捉刀立床头。既毕，令间谍问曰："魏王何如？"匈奴使答曰："魏王雅望非常；然床头捉刀人，此乃英雄也。"魏武闻之，追杀此使。

有人以此判断曹操奸诈，行事不光明磊落。笔者以为反倒看出曹操的可爱，首先英雄有自知，知道自己个子矮小肤色发黑，中原待客素来好个场面和脸面，"使崔季珪代"似能理解。

三国里的人物向来赞叹曹孟德，"治世之能臣，乱世之枭雄"，也是溺爱幼子的慈父，尊重夫人选择的丈夫，赏识红颜的知己，文章绝好的大家。他常有惊人之语，率性洒脱，与之相处应该妙趣连连，绝不会冷场。

《世说新语》里关于他的故事不多，却着实有趣。他与袁绍是少时的玩伴，恶作剧的拍档，他们乘夜绑架新娘为戏，区区一句"有贼"，就引得宾客倾巢出动，内室空虚，他们落跑时，袁绍不慎跌入荆棘丛动弹不得，又是他，大喝"贼在此"，吓破了袁绍的胆，居然神奇挣脱荆棘的束缚。他的临危不乱，机变急智让人笑而喜之。他的那份隐忍和智谋让人不寒而栗又心生敬佩。

著名的"青梅煮酒"典故，刘备借打雷藏匿激荡的心，而曹操仰天大笑，那是不屑一顾的笑，与其说他在试探不如说他在示威，这天下，任谁来侵扰，也就如同一场急雨，丝毫不足为虑。笔者就爱他这种"烈火焚烧若等闲"的气度。

他马上打天下，马下治天下，而且锦心复绣口，写得一手大气磅礴而苍凉悲阔的诗文。焉能不喜？

佳偶天成

《世说新语》，有一对夫妻，王汝南与其妻，他俩很有趣。王湛素有痴名，久在家而无人提亲，其父正犯愁得紧，见他主动提出娶亲之意，自然喜出望外，全力促成。没想到婚后娶来的郝氏成了称职的主母，且姿德并茂。王湛的妻子是他自己相中的，他曾亲见过自己的妻子打水，举止得体，温柔可亲。窥一斑而见全豹，可信。王湛实在比一般人来得高明，因而得娶贤妻。他的世人认为的痴其实是大智慧，不屑与人分辩，处事却有自己的一套原则。

这让人想起早年香港 TVB 拍摄的一部武侠剧《白发魔女》，剧中由蔡少芬饰演练霓裳，性格刚烈好掩饰却又脆弱，何宝生饰演卓一航，性格木讷教条却又优柔寡断。情节与各版大同小异，只是有一个情节久久萦回，让人印象极深。当练霓裳目送情郎远行时，亮开嗓子唱了支离别意悠悠情的小曲，飘进大漠的深处。此时的幽幽一叹，没有爱郎，就有好听的曲子唱来何趣，不如不唱。

王湛恐怕亦是如此，最初寻不到志同道合的友人。后来他挑的妻子可以与他称友。这一对岂非佳偶天成？

附：贤媛第十九

王汝南少无婚，自求郝普女。司空以其痴，会无婚处，任其意，便许之。既婚，果有令姿淑德，生东海，遂为王氏母仪。或问汝南："何以知之？"曰："尝见井上取水，举动容止不失常，未尝忤观，以此知之。"

四、寂寞的萧红

近两年，大家对萧红的关注逐渐增多。

她是无愧于鲁迅当年给她的评价的，"当今中国最有前途的女作家"。

萧红的《呼兰河传》，她与祖父的那个园子，有几分像儿时老家屋后的竹林，都给孤寂的童年带来了几许亮色。然而看下去才知道萧红的悲悯情怀，她不动声色地将小城的生活一一剖开，都是再寻常不过的底层人物，活得艰难却有韧性，本性良善，日子凄苦却又极少抱怨。

前几章类似散文的画卷，尤爱七月十五盂兰盆会，呼兰河上放河灯，当真是江月年年只相似，但悲不见去年人。多少有点对生命朴素的敬畏。河灯随水远流，流向不可知的去处。

十二岁的团圆媳妇鲜蹦活跳，有着孩子的天性和早熟的身体，她的遭遇让人落泪。老胡家的大孙媳妇念叨自己的婆家样样都好，却也跟人跑了。

这让我想起《聊斋》里的婴宁，烂漫爱笑的小狐妖嫁了人也一天天的不笑了。

六十多岁的有二伯又有点像《红楼梦》里的焦大，有些居功自傲的夸口，不过是垂老的嘴硬，然而还是挨了三十多岁主人的打，要脸面却一日日地没了脸面。

《呼兰河传》虽说是长篇，其实不长，不过区区九章，远不是鸿篇巨制，却三嚼而有味，看过后可以刻在心里。

至于萧红的《小城三月》，一场彻头彻尾的悲剧。翠姨，一个美好婉约的旧式女子，玲珑剔透却也烈性如火，她不愿意将就，但也找寻不到出路。曾经，她瞧不上自己的妹妹，嫁了一个家里有些钱的夫家便得意洋洋，她的妹妹是从无烦恼、处处快意的俗常女子。她自然要多了灵秀与矜持，但她的未婚夫似乎更不堪，更何况那不是她的心上人。翠姨的春心永无发芽的时机，她的心事在千重万重的云遮雾绕里生生沤烂。她只能抵死不嫁，也只能抵死不说出自己的隐秘。

翠姨终究错过了她喜爱的绒线鞋，也错过了她的两情相悦。

《回忆鲁迅先生》温情而诚挚，她开篇就写鲁迅的笑，将冷色用暖笔来写。她眼中的鲁迅是和蔼可亲而细致入微的长者，会爽朗地笑，并且是从心底里欢喜。这样的鲁迅只有萧红记了下来，这和郁达夫的短文《怀鲁迅》一样，若不是真正的知己，有敬更有爱，写不出如此的锥心之文。

"满天星光，满屋月亮，人生何如，为什么如此悲凉。"萧红是知道的，她只不愿信。她一生飘零，她对世事毫不设防，因而千疮百孔。

她是想飞的鸟，因着某些眷念飞不高，反倒折了翼。

她想葬在亦师亦友亦父的鲁迅的旁畔，几十年过去，愈发绝无可能。

传统与现代

一、回归阅读"冷兵器时代"

直面阅读的"沙化"现象

从百家讲坛盛行到国学的"热潮"，实际上都折射了一个事实，国民阅读的"沙化"现象。当然，我们的生活里并不缺少纸媒或电子阅读，很多时候这种阅读少了点"冷静"，少了点"理智"，少了点"独处"。如今的社会，纸媒让位于网媒的时代，是各种资讯瞬息聚焦又瞬息崩塌的时代。当网络世界以密不透风之势，将我们每一个人席卷、包裹、簇拥而前、无法止步、无暇思考的时候；当我们不由自主沉浸于虚拟世界，将网络语言运用如飞，中国汉字弃之如蔽，隔岸观火地围观那些名人的长短微博的时候；不得不承认，我们离传统的、理想的、纯粹的阅读已经很远。那些散佚于敦煌残简、唐诗宋词中脍炙人口、直指人心的诗句，也渐渐消失在了历史拐弯处。

且不说品茗论道的优雅、夜读经典的忘我、闲暇翻阅的随性，单是静下来，坐下来几个钟头都已是奢侈的享受，有那么多不得不为之或者必须要为之的"十万火急"的生活琐事，有那么多源源不绝的工作日程等着"填满"，有那么久没有联系的人或事等着"复燃"，放眼望去，居然找不到安放一本书的区区空间。大多数人宁愿拎着笔记本，盯着大大小小的触摸屏，在穿梭不息中，在某个角落里，在蜂拥而至、狂轰滥炸的信息里无形奔波、日趋茫然、逐渐迷失。

其中，教师这样一个特殊而庞大的群体，也有相当一部分忙碌于课堂之上，难以抽出时间进行阅读。这种阅读的"沙化"现象，不仅对教师的整个职业生涯产生了负面影响，也对教师的个体生命质感造成了伤害。

审视阅读的"灵魂"效应

阅读很多时候是我们的"私人空间"，我们可以在文字与书卷中进入一个妙不可言的世界，更可以获得与作品、作者一瞬或多瞬契合的喜悦。真知总在书中，忽隐忽现；精神永存行间，时隐时现。在遥远的古代，无论是孔子还是亚里士多德，他们渴望传授给弟子的更多的是智慧。现在的学校，教师切忌满足于传授教材，满足于学生的"业绩"，而遗忘了阅读的"灵魂"效应。要重视学生心灵的纯度与高度，以及学生个体的差异与成长。

教师应从当下阅读的"秒速时代""信息碎片化时代"，回归阅读的"纸读时代"，回归一几一椅一书一人的"自然状态"，感受天光恢恢，地气饱满。不如让我们教师从师生之间的"讲台隔离"，回归不拘形式的"游学共历"，感受人本阅读的体温。效仿孔子，与弟子以天为幕，以地为席，放纵心意，自由论谈；效仿亚里士多德，与弟子漫步小径，穿过花园，忘了从何处来，到何处去。回归阅读，就能让我们的教育重拾智慧，重获自信，重获新生。诚如鲁迅所言，工作时不为钱分心，钱反而来得更快。阅读之于教育的影响，亦是如此，不是执着经营，却能"插柳成荫"。而且这样的一种影响力，历久弥新，不断辐射，润泽人生，映照灵魂。

呼唤阅读的精神"突围"

如今，关于"阅读"的呼喊渐渐有了越来越多的回声，教师如何再次点燃"阅读"的"火苗"？再次获得摩挲纸页的触感？在网媒时代里找到一条回归传统和朝向未来融汇共行的新路？或许可以采用"四读法"。

一是"选择阅读"。浩瀚的书海，一头扎进去，很容易"迷路"，都说开卷有益，择卷更有益，信息时代更呼唤选择阅读，教师完全可以各取所需，选择自己喜好、自己适合、自己投入的书籍，来构建个人图书馆。自主把阅读中的思维散屑记录在册，从"阅读偶得"淬炼成"思想系列"。

二是"经典阅读"。由于前人和今人的努力，已经有了一片葱茏的阅读森林，当许多株良木一齐跃入眼帘的时候，不妨选择"树中之王"，借用元稹的诗句"曾经沧海难为水，除却巫山不是云"，当教师的阅读眼界抬高，就意味着其辨识与汲取的能力更强，当教师的阅读到达了一定的水准之后，就可以练就一双"火眼金睛"，更能由心而发地亲近阅读，沉醉阅读。在自己的工作与生活中心甘情愿地独辟出一块雷打不动的"阅读时间"。

三是"持续阅读"。很多名人大家的著作都是积数十年而成，教师不必一夜之间便能博览群书，大可以将阅读视为一生的事业，坚持每日读下去，那么一万字和一百字同样有意义，迟早会让人"士别三日当刮目相待"。再者，如果择其一点，进行穿透式研究的话，那么也一样会小有所成，北宋的赵普号称以半部《论语》治天下，这半部《论语》，耗费了他的生命，自然也为他赢得了最大的成功。因而我们教师也可以从自身的教育教学出发，横向蔓延，纵向攀援，在页眉页角印下思考的痕迹，酿造出"希望和守望的田野"。

四是"共同阅读"。可与三两良朋"高谈阔论"，可与工作伙伴"同谋切磋"，亦可与学生"同阅"，与孩子"共读"。很多时候，思想的碰撞会凝聚意料不到的灵感，转而将阅读所获得的能量无限扩大，因而留下斑斓多彩的关于"阅读"的记忆。教师可以首先引领班上的学生领略阅读的快乐，进而再放手让他们去创造自己的"阅读空间"，都说"第一步"最难走，那么进入阅读世界的"第一步"，教师如果能和学生相携而行，日后就能骄傲地目送学生继续往前行进。

说到"共同阅读"，笔者经常为学生推荐书目或文章，也为儿子开列了一张家庭阅读书单，他背诵得更快，也更愿意带着表情去"吟"和"诵"。这给予我很大启迪：一、永远不要用成人的眼光来思考孩子，他们只是孩子；二、永远不要低估孩子，他们什么都能接受；三、永远不要为孩子划分界限，他们自有他们的判断与喜好。

有了这"四读法"，那么教师无论面对网媒还是纸媒，都可以觅得独立审视和冷静思考的空间；无论选择网络阅读还是纸质阅读，都可以拥有喧嚣之外的另一方宁和天地。

二、新旧课堂是替代还是共存

其实，笔者一向不赞成凡课必用信息化，如果信息化手段使用太多，那么就会剥夺师生间的心灵对话和火花碰撞，就会少了师生间相视一笑了然于胸的默契与共悟。说到底，信息化手段只能是教学的辅助工具，它可以成为锦上添花的点缀，却绝不能凌驾于课堂之上，涵盖一切教学手段。所谓风花雪月只是怡情，却不能成为生命的全部。

语文相较其他，可谓是一门古老且传统的学科。然而，身处网络时代，语文的教学设计应该以自己的方式顺应大潮，不可一味地躲避与拒绝。因而教师应该以更加开放包容的心态接受来自信息化教学对于传统教学模式的挑战，只要不忘坚守学习语文的最基本要义——生活与生命。

（一）语文信息化教学设计要"点到即止"

语文课，特别是文质兼美的文章，其意境只能通过学生自己感悟得到，如果单纯用课件来展示美，可能只是把所谓的美直接强加于学生，无形中剥夺了学生无限的想象力，浸润于汉字的陶醉感，进而限制了学生个性化的顿悟，失掉了灵气滋长了俗气。俗话说，想象有多远，世界就有多大。教师尽可以用多媒体教学手段来营造气氛，唤起情感，引导想象，但决不能用屏幕、画面来全盘代替文学意境。失掉师生共悟、灵犀互通的美妙；失掉遐思迩想、沉吟幽叹的美妙。

（二）语文信息化设计要"快刀斩乱麻"

信息时代，网络为语文学习提供了源源不断的活水，学生收罗信息的迅疾与庞杂，比起教师而言，可能有过之而无不及。如果教师如今只局限于教材的解读，势必导致视野狭窄，知识贫乏，课堂上或许会冷场。因此教师必须在驾驭网络上领先学生，这优势体现在哪里呢？就在于面对网络应该具有清醒的研判、准确的筛选以及绝对的自控。接触浩瀚的网络信息容易导致学生如入汪洋大海，迷失方向，与自己的初衷南辕北辙，因此如何指导学生正确利用网络成为关键。教师要做好引导和辨别工作，不合适的，坚决不能引入课堂。在制作课件时，切忌一味追求新奇花哨、喧宾夺主，影响授课，得不偿失。教师要舍得丢弃，大胆取舍，将精华的、审美的、凝练的、高效的信息资源引入语文课堂。

（三）语文信息化教学设计"走过去前面是个天"

如果拒绝接纳信息化，与未来课堂的距离就会越拉越远。而且，教师不必惧怕比赛的多变，比赛是最有效率的提升平台，一场比赛下来，会有课堂的新招、论文的灵感、课题的契机，会吸收到最新的教学理念，会结识更多优秀的同行，会接触更多的个性化设计。平常外出培训的机会很少，参加比赛就是难得的培训机会。年轻教师的天地更宽，因为每一次比赛都是一次历练，只会越来越成熟，越来越完美。

有足够的理由相信：只要持有一颗语文的灵魂，语文在与信息化教学设计的碰撞中，定能擦出耀眼的火花。当语文遇上信息化教学设计，这是一场开启语文新教学的绝美邂逅。

三、"随堂课"碎碎念

随堂课俗称"常态课"，是课堂最真实的一种呈现。它与展示课或评优课相比，或许不华丽、不完美，也不会一堂课从头到尾亢奋饱满，引人入胜，甚至可能有瑕疵和硬伤。人无完人，"课无完课"，即便是名家大师的课，也是仁者见仁，智者见智。随堂课更有人情味和生命力，它少了很多"预设"，却多了很多"生成"，有时更会因为教师的瞬间急智产生意料不到的"火花"，这是一种可遇不可求的"精彩"，可以让人过目不忘。其实，很多名师的精品课往往就是"常态课"的日积月累。因此，比起展示课和示范课，随堂课的"人间烟火味""返璞归真""平平淡淡""原生态"另具一番风味。

随堂课怎么上？要处理好四种关系。

课堂的"闹与静"

时下，职业学校"活动单导学"盛行，其中一个重要环节便是设定不同层次不同要求的各项任务，通过学生自行完成、教师点拨完成、小组合作完成等不同形式来完成课堂的整个系统任务。于是课堂上"小组讨论"似乎成了必不可少的保留节目。老师一个问题抛下来，课堂上随即炸开了锅，人声鼎沸，旋即戛然而止，由事先指定的小组发言人慷慨陈词，洋洋洒洒。至于每个学生个体对该问题的理解程度、接受程度和表达程度，实则教师是看不透看不全看不明白的。

这样的形式存在一定的不足。对于职业学校的学生来说，他们已经有了独立思考、剖析问题的能力。那么何妨在课堂上辟出一块思考的土壤，让他们静静体会、揣摩、深思，形成自己的思想，与教师、同学、课堂产生共鸣，达到"心领神会"的境界，体会"于我心有戚戚焉"的欣喜，让短暂的"沉默"翻滚出"思绪"的海洋。那么何妨在课堂上有"三五分钟"的"冷场"？何妨在学生解答的时候有"片刻"的"停滞"？当学生在小组讨论的时候，可以允许他们静静地思考，因为这个时刻，是他们最自我的时刻，等他们的个体思维成型，小组讨论就会凝聚更多的火花和智慧。如果教师在课堂上多等待半分钟，那么，或许会等到学生任何的"奇思妙想"，会等到学生"不成熟"背后的骄傲与自信。课堂需要"沸腾"，同样需要"深沉"。当我们的课堂"闹与静"皆出于自然的时候，那么等待就会变得值得，安静就会成为幸福。"随堂课"可以有更多的自由来让课堂"动静皆宜"。

课堂的"收与放"

当课堂之上某个问题陷入"僵局"的时候，自然不能无止境地延长学生困惑的时间，拘泥于这一个细节而影响全局。教师应当迅速地调整节奏，破解难题，推进教学进度。而当课堂很顺畅的时候，却也不能想当然地以为一切都是顺利的，因为草率的背后通常会掩盖致命的错误，教师应当迅速改变课堂模式，将问题辐射化，让学生在辨析和比较中对教学重点和难点进行深度切入。这就需要教师对课堂有绝对的掌控能力，无论是快或慢，都要还原本质，为了全面呈现学生的学习状况，为了顺利解决课堂的"沟沟壑壑"。

随堂课，有些快马加鞭一课千里，有些则是一步两步踟蹰不前。过快，容易成为"夹生饭"，不好消化；过慢，容易导致"饥饿感"，供应不足。一堂课应当是如歌的行板，收放自如，在铿锵的节奏里激发学生的灵感，在舒缓的节奏里鉴赏学科的风景。

课堂的"随与设"

随堂课没有精美的包装，也没有经历过多次的彩排，上课时无论老师还是学生都可以表现得随意些。这种轻松的氛围更可以凸显师生的真正个性，课堂的原汁原味，更可以促使师生间的碰撞毫无壁垒，通常会产生出意想不到的惊喜。

然而随堂课毕竟不能仅凭随意而去开展，如果一味跟着感觉走，这堂课很有可能上得没头没尾，没有章法，缺乏实效。因此，随堂课更需要教师运用教学机智，来精心巧设，动态生成。面对复杂多变的课堂实际，可以将教学的流程及时"变奏"，这些"意外"或许打乱了教学的节奏，但许多不曾预约的精彩也会不期而至；可以将探究的主题适时"替换"，大胆取舍，依据课堂进行时来生成新的探究主题；可以将预设的目标随机"升降"，让学生有所言而畅所言，课堂才能提供足够自由的对话空间，激发每一个学生的生命潜力，师生得以共同发展；还可以将设置的环节相机"整合"，删繁就简，点燃学生的探究欲望，做大文章。

优秀的课堂艺术应该犹如插花，看似随意，实则匠心独具；看似疏离，实则草蛇灰线，伏脉于千里之外；看似纷繁，实则条条大路通罗马，形散而神聚。

随堂课怎么听？

不论是什么样的随堂课，在听课时，笔者常常喜欢"共情"，想着这个环节如果自己来处理会怎么样，这样激烈的大脑运转，会将课上的亮点深深烙下，也会不由自主地幻化出全新的构思，实现自然而然的"同课异构"。

譬如听一堂《群英会蒋干中计》，授课老师采用"腰斩"的方式呈现本课结构，从情节的高潮处切入，顺藤摸瓜，环环相扣的因果连动脉络尽显。这样巧妙的构思，自然带有极强的启发性，而借着灵光一现，笔者脑中立马浮现了蒋干中计的"缘起时分"—"集结号"—"终极地"—"杀伤力"—"余音袅袅"这一组新颖的小标题。而在分析人物形象的时候，这位老师用了"笑""惊""怒"来窥一斑而见全豹，实在是有"洗练风骨"之妙，于是笔下一组人物简评呼之欲出。周瑜，满腹经纶、运筹帷幄，他的笑在张扬之余多了睿智和自信，居然连"欺骗"都这么高调和光明正大；蒋干，志大才疏，胸无城府，徒取其辱；曹操，只能感慨自身的冲动与多疑，终究是被算计了。

采用"代入法"听课，既可以跳出庐山之外，旁观者清，又可以身临其境，沐浴熏陶，或者添砖加瓦，甚至改弦易张。这样听课或许累，却可以让你在听课时两眼带光，炯炯有神，"中饱私囊"。

随堂课听完之后呢？

"只要是真实的，就是有缺憾的。"随堂课是本色课，它的真实，在于没有太多的精雕细琢，更没有课前的反复磨炼。它不完整，不完美，有问题，有争议。但是，也许这就是它的价值——值得探讨，有待完善，催人思考，给予人方向。其实，课堂教学中正视问题，才能回归教学的本真，有解决问题的激情和勇气，课堂教学才能焕发生命！随堂课听完之后，授课者不仅要与听课者交流，还要与组内老师、班上学生交流，与自己交流，静心反思，剖析优点和缺点，将智慧的结晶落到文本上，通过这样一个个"炼炉"，实现"妙手文章偶得之"到"常得之"的飞跃。

师者，只有始终如一，上好每一节随堂课，才能不显山不露水地提升自己的教学水准，进而达到游刃有余的教学境界。记得一位教育专家曾经这样说，把常规武器用到极致，就是核武器。可谓一语道破教学的玄机。当有序、严谨、精致、高效融入每一节随堂课，成为"原生态"，那么，教师离优秀又有多远呢？

形象与逻辑

一、李商隐的夜雨情结

身为晚唐诗人，李商隐有着日薄西山的哀婉，流年难挽的惆怅，又有着拼死一醉的颓废，杨柳送别的凄恻。"世间无限丹青手，一片伤心画不成。"他的《无题》成了千古之谜，其中之婉曲与不可言说的惨怛令人读来扼腕长嗟。印象最为深刻的是他的《夜雨寄北》：君问归期未有期，巴山夜雨涨秋池。何当共剪西窗烛，却话巴山夜雨时。

很罕见地在同一首诗里出现了重复的词语，却又浑然天成，毫不突兀，这是华丽归于平淡，深情止于言说。

前一个"巴山夜雨"的意象伴着闲话家常的随意，试想，夫妇尺牍传情，妻子殷殷企盼着丈夫的归期，丈夫远在巴蜀山高水长之地，窗外有绵绵秋雨，似情思万千，却也不曾有萧瑟入窗，阻了一室展笺的安然与悦然。男人的脚始终在路上，拦在家里总要发霉发朽。男子把远行当成了人生必不可少的大事一桩，想着出门在外的意气风发和交友广遍，恨不能一朝煊赫。此一去浩瀚千里，有尘世的繁华在前，有夺名的隐欲在心，有不被惊扰的思念在怀。而这离别的愁绪在第二天清晨的一池深水里悄然融化，点滴无痕。

后一个"巴山夜雨"的意象却是梦里依稀难再觅的隐痛与深恨了。愿望如此简单，却未必有实现的一天。男子经历了尘世的颠簸，人生的险恶，异乡的冷漠，才发觉是如此地思恋寻常的絮语，平静的居家情致。独居的妇人该是咽下了许多幽泣，她曾在身后悄悄凝望却没有一句哀求的挽留。这样想来，那一晚的巴山夜雨也比自己温柔，淅淅沥沥地述说着思念。而诗人却是那么漫不经心地离去，这样幸福真切的惦念，居然舍得抛下，舍得在这一个雨夜空自遥想。

什么时候可以重聚，可以将这漫天的愁绪在你耳边低语，看着烛火跳耀，看着窗影成双，笑一个男子的多愁善感。唯有相聚可以消弭离别的惨怛，唯有笑靥可以抵消相思的苦痛。

这是一首饱含失落的诗歌。但又披着一件情深几许的外衣，让我们不忍戳穿他的臆想，愿意一同沉醉在"赌书消得泼茶香"的虚幻里，听见妇人清脆的笑声，瞧见妇人娇憨的容颜。

二、细数玛蒂尔德的可爱之处

玛蒂尔德，莫泊桑笔下一小女子。妙龄嫁于一局公务员，住带阁楼的复式房，家具以木制为主，家居走田园风路线，有花边控情结，有一闺中密友，乃上东区名媛，嫁于豪门，一日突逢巨变，十年沧桑，容貌损坏。话说此女子有甚可爱处？

其一，可爱的天真

女人的天真可能就存在于特定的时间之中。年轻的天真谓之烂漫可人。玛蒂尔德可以肆意天真。

她可以在自家的屋里哀怨惆怅，徘徊又徘徊，在几个房间之内游移，嗅着厨房肉汤的香味渐浓，将天花板上的某处阴影遥想成煌煌巨殿。然而她是可爱的。当丈夫拿回一张象征身份的请束时，她的芳心直飞到九霄云外，却哀婉动人地珠泪暗垂，只是为了谋得一袭云霓。这心眼只会让人心疼，却不至于让人生厌。她如果煞费心机嫁与新老权贵，或者成为某个大亨的第几房外室，那么华衣美服、琳琅珠玉取之不尽。然而她是可爱的，一边幽叹夫君顽铁不成钢，一边守候在肉汤旁寂寞等待。她对于美貌，如同一个小女孩炫耀自己的新裙子，想要四处招摇，却并没有一星半点的兜售之意。

她可以无数次地艳羡闺友的闲适与惬意，向往她每日里保养半日，与"裙下"谈笑半日，再跟粉团似的孩子道声"宝贝，晚安"。因为心理落差，酸涩难耐，竟至落下泪来。然而她是可爱的。在朋友的首饰盒前乱了分寸，失了矜持，差点掉落泪珠。毕竟美丽的女子对美有着一种天生的鉴别力，她挑中了最美的一挂项链，显得她风华绝代，举世无双。她不知道，完美的往往是赝品，她没有珠宝的经验，她只是单纯喜欢这挂项链的美。她以为它是昂贵、不可侵犯的，却不知这是高仿。闺友漫不经心地任她细挑，并且慷慨大方地将这挂项链"割爱"。于是她跳跃而去，一溜烟不见了。奔跑着的玛蒂尔德，一手曳着长裙，一手拽紧盒子，一定觉得自己是全世界最幸福的人。这样微小而不真实的一点快乐，她却可以无限放大，无限陶醉。

晚宴上的她闪耀着，旋转着，那么多贵阶凝望着她，想要与她攀识，她却旋转如飞，如同穿上了红舞鞋，停不下来，将美丽绽放得淋漓尽致，却全然没有伺机而动的"聪慧"。然而，她是可爱的，纯粹地为了美丽而浑然忘我，这一刻于她而言神圣而高贵，乃至多年后依然念念不忘。待到丈夫想要为她披上那件家常的旧衣时，她略略有些生气，嫌弃真实的简朴与寒酸，恼怒这绮梦过早地被震醒。于是像一个孩子那样赌气逃离，却与渺小的丈夫同归。如果没有后面的插曲，她依然是家里的小娇妻，他依然是诺诺宠溺的夫。

其二，可爱的担当

眼下，人心不古，世风日下，各类夺人眼球却日渐猖獗。

这么一想，玛蒂尔德就顿时可爱多了。

丢了项链，夫妇二人惨白着脸找了许久，直到接受这桩灭顶之灾，接受那笔天塌下来的巨额赔款。

于是倾家荡产，蹉跎十年，还清所有债务。于是玛蒂尔德变得和以前不同了，像是老了，从梦中情人、窈窕淑女变成强健粗硬的妇人。玛蒂尔德是可爱的，连带着罗瓦赛尔也变得可爱。

等到偶遇佛来思节，玛蒂尔德没有自惭形秽，而是上前坦然和佛来思节打招呼，神色自若，小儿女的心态丝毫未改。

三、《拿来主义》里的哲学观

一个穷青年"得了一所大宅子"。作者主张"拿来"，并辛辣讽刺了三种人：怕污染而"徘徊不敢走进门"的孱头；"放一把火烧光"以示"清白"的昏蛋；"接受一切""欣欣然地蹩进卧室，大吸剩下的鸦片"的"废物"。

从哲学上看，"孱头"因为分不清事物的性质导致矛盾的心境而没有大胆地"拿来"；"昏蛋"是否定一切；"废物"却不加分析地全盘肯定。可见，作者的态度很明确：既不能全盘否定，也不可全盘肯定；而是要辩证地否定即"扬弃"。

"看见鱼翅"，作者主张"占有，挑选"。既反对"抛在路上，以显其平民化"；也反对"用它来宴大宾"。即不亢不卑，不走极端。用哲学语言叫作要坚持适度原则。过与不及都是不可取的。

"看见鸦片"，与对待"鱼翅"一样，作者也主张"占有，挑选"。"送到药房去，以供治病之用"。作者一方面批判那种"当众摔在茅厕里，以见其彻底革命"的做法；又批判那种"出售存膏，售完为止"的玄虚。用哲学的话叫作任何事物都是一分为二的。凡事有利必有弊，利弊共存。我们要学会趋利避害。

对于"烟枪和烟灯"。"送一点进博物馆之外，其余的是大可以毁掉的"。不全留也不全毁，不搞一刀切。它充分体现了矛盾的特殊性，要具体问题具体分析。

对于"姨太太","请她们各自走散为是"。前四种是举物，惟这一例是举人。所以处理态度与方法又不同。对于人，要充分尊重其人格，要让她们获得人身自由。它充分地体现了以人为本的思想。

四、教育行者行走的方式

中国自古以来就有游历之说，在行走中凝聚散落的思维，开辟思想的新途，悟出不察的真相。人之所以为人，正是因为拥有无形无踪而又永恒闪烁的思想之光。洞彻这一点，就不会因为短暂的荣辱得失而两级穿梭于得意与失意，惆怅与狂喜交相更迭，就能以平和稳定的心态，在毕生抑或瞬间，觅出幸福的元素，涂抹生命的亮色。

教育行走的方式，有人选择浩渺的天空，有人选择坚实的地面。无论哪一种方式，都是一种自我的突破与挑战。

一个人只有博览世间万物，饱经天地风霜，才能拥有诗意人生，这是有阅历之人的肺腑之言。年岁逐增，下降的是体力、好奇、记忆、视力，上升的是见识、耐心、宽容、眼力。

孙悟空的人生何其变化多端，身不由己又斑斓多姿。他的人生从任意妄为走向克制自省，从无视秩序走向因循体制，很难说哪一种人生的真实意味更为浓厚，也很难评判哪一种的人生更为顺畅通达。很多时候，仅仅因为一个选择，从此出现多种变化。有几点不容回避，一是孙行者的人生前段比后段更崇尚自由，因而他的故事酣畅淋漓，经久不衰。二是孙悟空的人生因为这段"八十一难"风云突变，他变得天下皆知。三是孙悟空的所有认知随着取经路——

破毁又一一重建。绝望与希望无限接近却永不融汇。

然而，教育行者的梦是什么样的呢？或许是一场"吹尽黄沙始到金"的艰辛之旅。在这样的旅途中，有远古的"楼兰吟唱""古韵流长"，更有现代的"荒漠之思""天际高远"，在时光的尘埃中结伴或独行，捡拾与播种。有着"花自开水自流"般的惬意，也可以迎接每一日的朝阳，朝圣心中的"绿洲"。

从客观的"变"与"不变"的角度思虑，那么教育的格局与模式既可说瞬息万变，没有任何一个模本可以完全参照；也可说沿袭至今，从游之乐，教育之活，传统之守都有着文化的印记。如果不思变通，那么"橘生淮南则为橘，生于淮北则为枳，水土异也"。

好的教育，应当消弭地域差异、文化差异，纵览各地的教育行者，过滤不同的教育表现，"删繁就简三秋树""飞针走线千锦衣"形成独特的"教育观察"，教育之路绵延无尽，又四通八达。

联想到现在小学、中学、普教、职教各成体系，却很少关联。其实不然，如果教育链上少了润滑和衔接，那么是会僵硬生锈的。中学教育包含小学教育的全貌与轨迹，职业教育与普通教育有所互通。因此，教师要根据学生的实际情况有所行动。不要因为进了一所新的学校就将旧日学校的所有全盘否定，另起炉灶。教师切忌学生对旧学与旧校一无所知，一味灌输与教导，导致传授上的重叠与浪费，或者含混与模糊。至于品质教育上的贯穿与衔接，一个教育行者，至少对本地教育链上的各个环节都应该了解和理解，让道德教育不要出现脱节与搁浅，如若不然，只能维持高果率的"嫁接"现象，却不能呈现物种丰盛的"原始森林"。

处世与识人

一、文人气与君子风

梁实秋与汪曾祺都是赫赫有名的散文大师，他们一个少年得志，一个大器晚成。在散文这片土地，他们不约而同散发着同一种芬芳——含蓄淡远，大雅大俗。梁实秋师从周作人，承冲淡一脉；汪曾祺乃是沈从文的入门弟子，沿袭明代归有光的风韵，有着中国文人的明显烙印——"宁静以致远，淡泊以明志"，对世事洞如观火，偏偏不咸不淡心深似海，等闲不起波澜。

自古以来文无第一，武无第二。单从文笔而言，梁实秋、汪曾祺二人亦可排在优等。而细细读他们的散文，有时觉得他俩性相近而文相似。抗战期间，梁实秋在重庆的雅舍久居多年；汪曾祺则为了追随沈从文，只身来到西南联大求学。在日本人的轰炸下，日后一个写下了《雅舍小品》的开篇之作，一个则写下了《跑警报》。两篇散文均随意随性，颇有趣味，看不出战争的阴霾和心灵的惊恐。他们丝毫不在乎日本人的狂轰滥炸，梁实秋索性写下了《雅舍小品》，汪曾祺关于西南联大的散文更是妙趣横生。品读他们的散文，发觉在不动声色的幽默背后，他们涌动着不一样的文人气君子风，一样的硬汉气度和洒脱情怀。

（一）文人气，如旧友相逢，却秉性各异

两人都喜欢文白相杂，弥漫着不可言说的文人气。"一有警报，别无他法，大家都往郊外跑。"无奈中却有着一种不以为然。更妙的是汪曾祺在《跑警报》中的大段"白话"，例如，"跑警报大都没有准地点，满山遍野。但人也有习惯性，跑惯了哪里，愿意上哪里"。这既不同于郁达夫的青衫萧瑟，也不同于徐志摩的长衫风流。汪曾祺的文人气多少有些老庄的"无为"。而梁实秋的文人气则有苏轼的遗风，在《雅舍》里，文白相映成辉，自成一格。例如，"邻人轰饮作乐，咿唔诗意，喁喁细语，以及鼾声、鼻涕声、吮汤声、撕纸声、脱皮鞋声，均随时由门窗户壁的隙处荡漾而来，破我沉寂"。这俨然是口技新篇，满是家常烟火味却偏偏有一股沉静儒雅的文人气潜伏其中。说起来苏轼的身上不正有老庄的烙印吗？他们各自的老师身上也似乎有着某种相同的气味。周作人堪称"苦茶"，而沈从文便是"野茶"，都得是深山的净泉方能炮制而成。

　　若说不同，那么梁实秋雅而不俗，汪曾祺俗而至雅。平平常常的话语一至汪曾祺的笔下，就有了一种特别的韵味和风情。如他的《受戒》开头：这个地方的地名有点怪，叫庵赵庄。赵，是因为庄上大都姓赵。叫作庄，可是人家住得很分散，这里两三家，那里两三家。一出门远远就可以看到，走起来得走一会……让我们觉得这地方分明是"桃花源"，或者是老子所言鸡犬相闻之地。朴素到极致的语言沿袭了古风，沾上了明清散文的余韵，如空谷幽兰，于无声处绽放极致的明媚。直如晴空疏云，动人心魄。相较而言，梁实秋的"白话"充满了冷静的研判和人生的智慧，总有一种特别大方之气。他说过："我对梅花的冷峻怀有非常的向往。人之不可随波逐流，似乎也仿佛梅花之孤芳自赏。"（《关于梅花》）

同为君子，梁实秋锦袍温文，难掩贵气；汪曾祺布衣卿相，自有风范。

（二）寻常话语，却涌动着赤子情怀

梁实秋念旧，人缘极好，与旧日的同学即使有口舌之争，却从不略萦心间，更主动交好。汪曾祺无争，对人情世故达观而超脱，不论身处何地，均心境释然。说到底，两人都是厚道人。梁实秋曾写有《槐园梦忆》，追忆亡妻程季淑，桩桩件件，琐碎小事，字字含情。家常岁月里流淌的是共度人生的默契与平淡，文字不疾不徐，几十年里的细节一一跃然纸上，深情厚意扑面而来。文中写道"夜眠闻声惊醒，以为亡魂归来，而竟无灵异。白昼萦想，不能去怀，希望梦寐之中或可相觏，而竟不来入梦！环顾室中，其物犹故，其人不存"令人辗转思来不觉泪下。有人会说，友情经不起风浪，而感情经不起平淡。然而真正的爱就是融在平淡之中。记得孙犁也一样写有情深义重的《亡人逸事》，也只是一些断片残鳞，但那哀念之情却渗透在字里行间。这份丈夫思念妻子的深情，可谓异曲同工，特别醇厚甘长。而汪曾祺写给妻子的小札亦是脉脉温情，至于他感怀父子情，写下的《多年父子成兄弟》，也是在细碎之中见真情，三言两语道尽情深。让人每次读到，都觉得无比温馨，这样自然的爱，绚烂之极归平淡，豪华落尽见真淳。

他们二人，用最寻常的话语述说最动人的情感，绝无忸怩之态，只有一派光明洒脱。只有心中有爱的人才能写出这么美的文字，这么纯的感情。他们真挚而洒脱的情怀才特别能打动性情中人。

（三）不露锋芒，却有着铿锵气度

梁实秋与汪曾祺都是淡泊之人，对世事看得透彻，对人生想得明白。梁实秋花费三十多年的时间坚持译完《莎士比亚》全集37卷；汪曾祺在右派生涯，奉命画出了一套《马铃薯图谱》，自认为在研究站画图谱是"神仙过的日子"。他们如果不是惯于坚守寂寞的人，又如何能将原本枯燥的工作完成得这么有诗意。《士兵突击》里有一句风靡全国的台词——不抛弃，不放弃。殊不知两位大师的身上也正有这样一种精神，这样的硬汉气度。

因此，梁实秋在《雅舍》中说道："但是对于鼠子，我惭愧地承认，我'没有法子'。'没有法子'一语是被外国人常常引用着的，以为这话最足以代表中国人的懒惰隐忍的态度。其实我的对于鼠子并不懒惰。窗上糊纸，纸一戳就破；门户关紧，而相鼠有牙，一阵咬便是一个洞洞。试问还有什么法子？洋鬼子住到'雅舍'里，不也是'没有法子'？"表面上似乎是无奈承认落败，然而细细究来，却发现梁实秋是不动声色地暗示自己的不惧怕与不躲避，宣告着一种坦然直面一切的勇气和胆略。笑到最后的才是真正的好汉。所以当年重庆大轰炸，死亡并没有让重庆的百姓崩溃，他们在炮火和废墟中顽强站立。梁实秋的"没有法子"实则是另一种勇敢和抗争。无独有偶，汪曾祺也在昆明的警报声中说道："日本人来轰炸昆明，其实并没有什么实际的军事意义，用意不过是吓唬吓唬昆明人……我们这个民族，对于任何猝然而来的灾难，都用一种儒道互补的精神对待之。即'不在乎'。这种'不在乎'精神，是永远征不服的。"昆明的百姓也不把日本人的狂轰乱炸当回事儿。

"没有法子"和"不在乎"都是一种隐忍的坚强，是面对苦难，等闲视之的从容淡定；是遭遇不幸，笑对人生的豁达洒脱。所以，在梁实秋笔下，有一群夜来赏月的同道至交；在汪曾祺笔下，有将跑警报视作郊游的某同学，有借跑警报谈恋爱的罗曼蒂克同学，更有干脆不跑警报的某某同学。若不是骨子里的硬汉气度，他们又如何能刻画出这样的一群灵魂。

"文章本天成，妙手偶得之"，而梁实秋与汪曾祺二人的妙句直如浩瀚迷林，放眼望去，满目皆是，让人沉醉。他们都曾写有谈吃的小品文，除故园眷恋之外，梁实秋的文章折射的是人生百态，而汪曾祺的文章处处流露出人间至情，引人无限向往，更写尽了无名人物的魅力。两人都沿袭了古代散文的流风，看似"无意为文"，实则浑然天成。梁实秋的散文意境深远，幽默大气；汪曾祺的散文含蓄空灵，清醇淡雅。两人的行文似同胞兄弟，血脉相连却各有各的性格，不一样的文人气息君子风范，却有着一样的硬汉气度和洒脱情怀。

二、大观园里最"作"的女孩

《红楼梦》是一部什么样的书？《红楼梦》是一本可以读一辈子的书。三百年来，它从手抄本流传到各版本真伪，一直到转换成电影、电视剧，而且几经翻拍，不但没有随着时间"退出舞台"，反而在不同的时代，产生了久远而广泛的影响。在当下"书单"月排行榜、周排行榜的热闹之下，似乎很难理解《红楼梦》（一部没写完的小说）这种永不消退的"畅销"。"经典"才是真正的畅销书。然而，阅读经典是需要花费一定的时间的，因为它意义非凡、绵延千里、是揭开人世温情的面纱。

四大名著在校园里颇受欢迎，《三国演义》写的是雄主名臣、攻城略地；《水浒传》写的是草莽英雄、仗义行侠。一读之下，令人血液沸腾，只想跃马而奔，结义好汉去也。

那么，《红楼梦》出彩在哪里呢？清代有人说过：开谈不说红楼梦，读尽诗书也枉然。而笔者以为，它最出彩的地方是写了一群美丽的女孩子，不是一个，是一群。《水浒传》里也穿插、描述了许多貌美的女子，如潘巧儿、顾大嫂、孙二娘、扈三娘等。另外，《三国演义》中的貂蝉是古代中国四大美女之一。书上用一句"年方二八；色伎俱佳"来形容她的容貌舞姿。

至于《红楼梦》里的，曹雪芹自己说，"今风尘碌碌，一事无成，忽念及当日之女子，一一细考较去，觉其行止见识皆出我之上，我堂堂须眉，诚不若彼裙钗"，于是，在他的笔下，大观园里的女孩子们，都是行止见识不凡，有独立个性的美丽女孩。这一群女孩子里，说得上名字的，少说也有五六七八个。《红楼梦》绝对是一部从各个角度展现女性美的史诗。

更值得一提的是，这些女孩子里，能在每个读者心中留下不同的印象。

这么多女孩子，对作者曹雪芹而言，每一个人物都倾注了他的心血与爱。比如"林黛玉"这个人物，读者对她的态度是两极分化的。

林黛玉机智乖张，是一个百分百沉醉于自我，完全没有侵略性的人，可以说"人畜无害"，她就是一个陷入恋爱的小姑娘而已。

林黛玉的"绝代芳容"

这一点不用说，我们早在课文《林黛玉进贾府》里已经知道，她是一个气质美人，真正的大家闺秀，大小姐。第一次去外祖母家（贾府），上上下下见了一拨又一拨的亲戚，礼仪上、言语上、举止上没有半点瑕疵，待人接物稳重、大方、得体。拥有美颜，又从小在美人堆里长大的王熙凤，见了她，说"天下真有这样标致人物"；豪门望族公子哥儿贾宝玉，说她是"神仙似的妹妹""闲静时若娇花照水，行动处似弱柳扶风"（"风一吹就倒"的娇贵女孩）。再来看看世俗眼里的林黛玉，富二代薛蟠看见林黛玉是什么样子呢？第二十五回，贾宝玉与王熙凤中了邪祟，闹得天翻地覆，全家乱成一团。"别人慌张自不必讲，独有薛蟠更比诸人忙到十分去，又恐薛姨妈被人挤倒，又恐薛宝钗被人瞧了去，又恐香菱被人臊皮，因此忙的不堪。忽一眼瞥见了林黛玉风流婉转，已酥倒在地。"

林黛玉的"审美风格"

她的住所，在大观园里，她自己挑了"潇湘馆"，爱那几竿竹子，隐着一道曲栏，比别处更觉幽静。书中是这样形容的，"小小三间屋舍，一明两暗，从房内又得一小门，出去则是后院，有大株梨花兼芭蕉。后院墙下忽开一隙，得泉一派，绕阶缘屋至前院，盘旋竹下而出"。竹不比花，它更有一种凛然的气节、刚直的气度、高冷的气质。

第四十回，刘姥姥二进大观园，贾母领着刘姥姥见识见识，先到潇湘馆，因见窗下案上设着笔砚，又见书架上垒着满满的书，刘姥姥以为是哪位哥儿的书房，得知是黛玉的闺房，留神打量了林黛玉一番，方笑道："这哪里像个小姐的绣房，竟比那上等的书房还好。"先对比一下贾宝玉的怡红院，刘姥姥误闯醉卧之后逃将出来，还念念不忘："这是那位小姐的绣房，这样精致，我就像到了天宫一样。"此处很有趣。既可见贾宝玉日常生活的精致，贾府的"天之骄子"用的自然都是贾府里最好的东西，他特别喜欢美丽的东西，某种程度上透着女性特质。又可见林黛玉的超凡脱俗，她不喜欢女孩子们通常都会喜欢的脂粉、钗环之类，在她的个性里，倒是有男子的阔朗与决绝的一面。记得第十六回写她从苏州回贾府，也是带了许多书籍来，又忙着将些纸笔等物分送给姊妹们。在这两个人的身上，贾宝玉有阴柔的一面，却并没有失掉男性的宽厚与磊落；黛玉有刚烈的一面，却也并没有失掉女性的柔软与纤细。再来对比大观园里薛宝钗住的"蘅芜院"，"及进了房屋，雪洞一般，一色玩器全无。案上只有一个土定瓶（白瓷），瓶中供着数枝菊花，并两部书、茶杯而已。床上只吊着青纱帐幔，十分朴素"。这里全然不像一个十五岁女孩子的闺房，冷寂素净得太过了。而黛玉的屋子，除了幽静，其实是有活泼的一面的，有一只会吟诗的鹦鹉，还有一只冬去春来的大燕子。第二十七回，她嘱咐紫鹃："把屋子收拾了，撂下一扇纱屉，看那大燕子回来，拿狮子倚住，烧了香，就把炉罩上。"这样的屋子有人气，民间也有这样的说法，燕子筑巢，寓意着平安吉祥，主人家是品性良善的人家。可见黛玉屋子的摆设应该都是她自己设计的，亲近大自然，比较有生活情趣。

林黛玉的"作"

"作"这个词，起先是从上海姑娘那里流行开来的。小门小户小姑娘的"作"，是一种俗世可爱的"作"。凌晨两点，女孩子打电话给男孩子，说要吃生煎包。

然而林黛玉的"作"倒不像这般，是真诚、机智、幽默的"作"。

她爱哭。第二十七回里就说"紫鹃、雪雁素日知道他的情性，无事闷坐，不是愁眉，便是长叹，且好端端的不知为了什么，便常常的就自泪自干。先时还有人解劝，怕他思父母，想家乡，受了委屈。谁知后来一年一月竟常常得如此，把这个样儿看惯，也都不理论了。所以没人去理，由他去闷坐"。当然，贾宝玉是理的，而且不厌其烦地理。由此可见，"眼泪"似乎成了林黛玉的个人标签，从心理学上来说，哭泣是人的一种自我排毒，将不良情绪排空。林黛玉的哭泣，未尝不是她的一种自我保护，一种闺阁生活的调剂。她的泪点低，正说明她这个人感性、真诚、柔软、细腻。她在大观园里随口一吟的《葬花词》，充满了人世无常、好景难在的悲凉。这种对美好的珍视，对青春的送别，对万物的悲悯，对岁月的悲叹，只有心灵易感而纯粹的人才能体悟与洞察。

这让我想起 1968 年英国版《罗密欧与朱丽叶》的主题曲《What is a youth》，"青春是什么？激烈燃烧的火；少女是什么？冰霜与热情的结合。玫瑰会盛开，然后凋零，青春也是，美丽的少女也是。"而我们，已经很多时候没有看过星空、听过蛙鸣、吹过夏风，在物化的世界里渐渐丢失了感动与怜悯。这么一想，林黛玉的眼泪是何其珍贵。

她的眼泪是柔软的，她的言辞却是锋利的。贾府上下，都知道她牙尖嘴利。她很擅长说风趣幽默的俏皮话。刘姥姥进大观园的时候，贾母让惜春画一幅"游园图"，林黛玉在旁边"神补刀"："人物倒还容易，你草虫上不能。"众人不解，为何园子里那么多景致，还用得着仔细画些什么蚱蜢、金龟子之类的草虫？林黛玉又道："别的草虫不画也罢了，昨儿'母蝗虫'不画上，岂不缺憾？"这"母蝗虫"正是她昨天给刘姥姥取的绰号。众人大笑，林黛玉还没完，说，"我连画的题目都想好了，就叫《携蝗大嚼图》"，众人越发笑得前仰后合。她不仅打趣了刘姥姥，连昨儿个一起逛园子的所有人都一起打趣了，包括她自己。要是放到现在，林黛玉铁定是微信朋友圈里的"段子手"。一个懂得风趣幽默的人，应该是有智慧与才情的。

而她跟贾宝玉在一起，牙尖嘴利得尤其厉害。第八回，冬天到了，金陵城寒风刺骨，贾宝玉去薛宝钗处探病，一语未了，忽听外面有人说"林姑娘来了"，话犹未了，林黛玉已摇摇地走了进来。一见贾宝玉，便笑道"哎哟，我来得不巧了""早知他来，我就不来了。"薛宝钗有些糊涂，林黛玉笑道："要来时，一群都来，要不来，一个也不来，今儿他来了，明儿我再来，如此错开着来，岂不是天天有人来？也不至于太冷落，也不至于太冷清。"这番话洋洋洒洒，倒可以看出林黛玉的淡情理论，有点道家的隐士风骨。实际上呢，这段话的真相是贾宝玉，你来探表姐，怎么没约我，你要记得，约，约。你这样一个人独来，是想跟你的表姐说些不想让我听的贴己话吗？确是将林黛玉的吃醋完整地表露出来。大观园里的女孩子，个个都是教养良好的名门淑女，即便开玩笑也是优雅风趣的，低俗的人进不了大观园，尤其是林黛玉，百花中的芙蓉仙，自然是不一样的清幽。所以连她吃醋都这么文艺。贾宝玉因见下雪，便让拿自己的斗篷来，林黛玉马上又机锋作答："是不是我来了你就该去了？"言下之意，下回可别指望叫我一道喝茶啦、下棋啦、看花啦、吟诗偷看武侠小说啦。贾宝玉笑道："我多早晚说要去了，不过拿来预备着。"一个笑字，足见贾宝玉对林黛玉的爱与包容。后面薛姨妈留酒，又有好戏。贾宝玉要喝冷酒，薛宝钗劝他冷酒伤身，最好暖来方饮。贾宝玉很听宝姐姐的话，林黛玉自然不是滋味，正巧她的小丫鬟雪雁来给她送手炉，问："谁让你送来的？"雪雁老老实实说是紫鹃，林黛玉便非常巧妙的借题发挥了，说："也亏你倒听他的话。我平日和你说的，全当耳旁风。怎么他说了，你就依，比圣旨还快呢！"可怜紫鹃无辜被牵其中，林黛玉的声东击西玩得巧妙，暗指贾宝玉，我的话你不听，薛宝钗姐姐的话你倒是听得很啊。而且关键是贾宝玉和薛宝钗也都听得明白，一个嘻嘻一笑，被奚落了却一点不生气；一个不睬她，装作没听见。由此可见，林黛玉之所以牙尖嘴利，是因为别人纵着她。这里的林黛玉，分明就是一个撒娇的小姑娘，跟贾宝玉斗嘴取乐。等到李嬷嬷（贾宝玉的奶娘，有一定资历的老奴）不让贾宝玉饮酒，林黛玉马上翻脸，跟贾宝玉同一战壕，一致对外，"你这个妈妈太小心了，往常老太太又给他酒喝，如今在姨妈这里多吃一杯，料也不妨事。你必要管着，想是怕姨太太这里惯坏了他，也为未可知"。好一张利嘴，明摆着"陷害"李嬷嬷，你再管，再管就是嫌薛姨妈教坏小孩子了，这顶大帽子扣下来，无人敢接。

依照贾府森严的家规，自然是不许小孩子随意饮酒的。但是，在这里，贾宝玉与林黛玉都对此持无所谓的态度，可见两人都是不拘礼法、天真洒脱之人。另一处，一样是饮酒的场合，贾母让贾宝玉给姊妹们都敬上一杯，一定要让薛宝钗、探春她们喝尽，贾宝玉依次敬下来，轮到林黛玉，她偏偏自己不饮，还把酒杯凑到贾宝玉的唇边，结果贾宝玉自然就替她喝尽了。在家里长辈都在的情况下，林黛玉的此番举动实在有些出格，不合古时的礼仪。然而，林黛玉只是在炫耀她与贾宝玉关系的亲密，心中并无半点不洁的念头，但别人难免会有些想法。

而林黛玉的"心直口快"，注定了她会得罪人，她的这种孤高的脾气，很难容于这个世界，但她对这个世界毫无还手之力，只好用犀利的言辞把脆弱的自己武装起来，作为自己的反抗。第七回，薛姨妈去看姐姐王夫人，带了十二支宫花，这宫花是进贡给皇家的，薛家是皇商。要送给几个女孩子和王熙凤，女管家就负责一处一处地送，到了林黛玉那边，林黛玉不在，去贾宝玉那里玩九连环去了，女管家又到了那里，贾宝玉抢先拿了瞧稀罕，林黛玉只就贾宝玉手里看了一看，她本来就不稀罕脂儿粉儿嘛，然后问了："是单送我一人的，还是别的姑娘们都有？"女管家说各位都有了，这两枝是姑娘的。于是林黛玉再看了一看，不是瞧宫花的颜色与样式，而是在注意匣子里宫花摆放的位置，显然已经空了大半匣，冷笑道："我就知道，别人不挑剩下的，也不会给我。替我道谢吧。"不仅甩脸，连赏钱也没给。试想这番话传出去，她就把送花与得花的人全得罪了。林黛玉当真如此不懂世故吗？当然不是，她刚到贾府那天的表现，堪称完美，可见这些人情世故她其实都懂，但是她知世故而不世故。看一下女管家送宫花的全路线，她先找了三春，送掉了六枝；又找了王熙凤，送掉了四枝；最后剩下两枝，给林黛玉。也就是说，林黛玉的这两枝是没得挑没得选的。可见，林黛玉猜测得没错，但她完全可以和和气气地打个赏钱，没有，情绪都写在了脸上，率真耿直。

林黛玉的"爱"

林黛玉爱的男孩子行为上有很多需要改正的地方，就整天跟女孩子们混在一起这一条，估计很多女孩就要拍案而起了。林黛玉钟情贾宝玉什么呢？

门第？北静王爷于她也不是特别人物。贾宝玉把北静王爷送他的手串（御赐之物）转赠给林黛玉，林黛玉啪地甩在地上，说，什么人拿过的东西，不稀罕。看轻天下的须眉浊物。

才华？琴棋书画、绣香包就不用说了，光林黛玉写诗的水平，就要比贾宝玉高上几倍。她还喜欢给贾宝玉打小抄，导致贾宝玉的学习成绩起伏太大。

性情？贾宝玉与很多女性皆有来往，林黛玉还是要时刻关注着。

　　鲁迅说过，大观园里，悲凉之雾，遍披华林，然呼吸而领会之者，独贾宝玉而已。这正是贾宝玉人性中最闪光的地方——悲悯情怀。在贾宝玉眼里，每个生物都有存在的价值，没有阶层、种族之分。林黛玉也是一样，她觉得北静王乃寻常人，她亲切耐心地教薛蟠的小妾香菱学诗，她与自己的丫鬟紫鹃推心置腹，情若姊妹。

　　她和贾宝玉，骨子里都是崇尚自我，天真烂漫，不拘礼法，颇有魏晋名士之风的人。在精神的层面，或许她比贾宝玉更超前。

　　她和贾宝玉，本质上都是悲观的人，贾宝玉害怕散，所以时时喜欢聚，她也害怕散，但她以"冷"的开头来消弭"荒"的结尾，"早知如此，何必当初？""既然要散，不如不聚。"

　　第三十二回，贾宝玉的另一个发小，史湘云，劝他也该到外面应酬应酬，熟悉熟悉圈子，打打人脉，贾宝玉立马翻脸赶人，他的丫鬟袭人为了缓和气氛，说了一段前曲，薛宝钗有一回也劝贾宝玉想想仕途上的事，结果贾宝玉抬脚就走，一点面子也不给薛宝钗留。袭人由不得赞叹说，还是薛宝钗涵养好，一点都没生气，要是换了林黛玉，不知要生气成什么样呢。话还没说完呢，贾宝玉立马嚷嚷："林姑娘从来说过这些混账话不成？若她也说过这些混账话，我早和他生分了。"

　　显然，林黛玉与贾宝玉的人生观、价值观是一样的，他们之间有共同语言。这是千载难逢的知己之爱。

　　有一处细节更可以说明问题，贾宝玉挨了老爹贾政一顿暴打，去了半条小命，来看贾宝玉的人川流不息，但是林黛玉没有去凑这个热闹，她只是哭。潇湘馆里黑着灯躲在帐子里哭，大家都散了，贾宝玉疼得半睡半醒，她一个人在贾宝玉床头哭肿了眼睛，怕别人瞧见笑话，又悄悄从后门溜走。真正的深情不必言语，是用来"心"疼的。

林黛玉是大观园里最真性情、最有棱角的一个女孩。她的眼泪，是生命的凝结，蕴含了她对生活的全部热情；她的"作"，是赤子之心，胸无丘壑的勇敢率真。以她的聪慧，完全可以胜任当家孙媳妇；以她的才学，治国都没问题，何况治家。然而，她一点也不想曲意求全。

三、孔子关于兰花的三句话

第一句话"兰当为王者香"，窃以为孔子的这句话是有感而发，颠沛多年，一心想得到贤明之主的赏识，可以施展抱负，实现人生的理想为国为民。然而终究只是喟叹而已。这句话充分体现了儒家的治世思想，一心想要参政治国。这和"良禽择木而栖"有类似之处，却有高下之分。"良禽"之说趋于利己，"为王者香"之说彰显的是知识分子的清高孤傲。

第二句话"芝兰生于深林，不以无人不芳"，出自《孔子家语》，这是讲人的品格坚守。不因为没有人欣赏而不散发自己的幽香。与现在的"你在或不在，你来或不来，我的爱都在"也有相通之处，却格局更大，意境更深。儒家强调的是自我修养，先修身后齐家最后平天下。

第三句话也出自《孔子家语》"与善人居，如入芝兰之室，久而不闻其香，即与之化矣；与不善人居，如入鲍鱼之肆，久而不闻其臭，亦与之化矣。"与人为邻，自然会受到熏染，这种潜移默化的影响是最可怕的，在悄无声息中改变着一个人的脾性、品位乃至气度，如同一个罐子，往里倒的东西腾出来之后，虽则空了，但那气味是经久不散，缭绕不去，渗透入骨的。

情　味

于无声处听惊雷

一、《将进酒》中的"情感分割"

古典诗词之所以历经千古流传至今，正在于它们体现了中国古人蓬勃的生命感，让我们现在读来，依然感到一种生命的激情，这是文化上的一脉相承，更是生命感受上的心灵相通。因此，笔者这次参加全国"人教杯"中职语文教师技能大赛，抽到了《将进酒》这个课题，便打算以经典课堂应对经典文本，以"情感"为底色，以"文化"为亮点，以"项目"为热点，细品辨读，自主悟读，个性美读，先缘情后索法，实现师生一同对李白那敏感而纯净，狂放而寂寞的灵魂的触摸。

比赛要出彩，一定要有独创。《将进酒》太经典，越经典越不好上，选手熟悉，评委更熟悉，比赛时难免顾虑太多，但反过来想，如果这么经典的篇目你能大胆上出新意，那就更出彩，当然，会存在上得不妥当的风险。冥思苦想之后，设计了"千古寂寞"这条主线，以"多元对话"触摸李白的灵魂。正式比赛时，开启"忘我"模式，淋漓尽致地呈现自己的设计理念与教学风格，以感染评委。比赛过程中根据实际情况，对既定方案又进行了微调，力求环环相扣，首尾呼应，以点带面，又聚点成睛。整个教学设计，以项目引领，重在挖掘学生的思辨能力，对文本以及作者的情感进行"分割"。

下面，以李白《将进酒》为例，来呈现笔者设计的另类"古典课堂"。

一、巧设导语，为项目教学凝神蓄势，开启情感

导语如下："谪仙"也好，"诗仙"也罢，总是应了一句话——"高处不胜寒"。李白是流露过孤独的，有他自己的《月下独酌》为证：举杯邀明月，对影成三人。这是独处时的李白，那么群聚时的李白难道就不孤独了吗？

设计意图：李白在《将进酒》中的情感复杂多变，要一下子摸透理清，对学生而言难度颇大。因此，抓住其情感的最核心，再来进行辐射理解，学生就有了一个可依托的情感平台。

二、运用比照，趣玩项目教学的"跳格游戏"，"分割"情感

笔者效仿网络游戏中的"过关游戏"，在教学中设置了难度系数递增的"跳格游戏"。从两个不同版本的经典朗读中，捕捉李白的多重情感。

师：请大家先听一听胡乐民版本的《将进酒》，听听"胡式李白"读出了李白的哪些情绪？哪个小组先发言？

第一小组：我们觉得首句"君不见，黄河之水天上来，奔流到海不复回！君不见，高堂明镜悲白发，朝如青丝暮成雪！"读出了李白的"不开心"，也就是"悲"。

师：答得真好，李白悲什么呢？他悲时间都去哪儿啦？我的青春小鸟一样不回头？当然不会，他悲时空的长河里前不见古人，后不见来者；他悲人生倏忽，世事无常，而浮生若梦，为欢几何？

第二小组：我们觉得胡版"人生得意须尽欢，莫使金樽空对月。天生我材必有用，千金散尽还复来"写出了李白的"要性子"，也就是名士身上的"狂狷之气"。

师：妙啊！哎呦，这一句口气真大！够自信够豪放够洒脱！"莫使金樽空对月"，然而李白明明早就有过"举杯邀明月"的惨痛；"天生我材必有用"，然而李白一出长安整整八年游荡，日子就这么闲过去了；"千金散尽还复来"，然而皇帝当年赐下的百金自然早就散尽，但又从没有听说有下一个"百金"。得意者说"尽欢"那是真欢，失意者说"尽欢"全是心酸。我们这一组同学眼光真准，看出了李白的"狂"。实际上，这是天才的任情负气。

第三组：我们觉得胡版"钟鼓馔玉不足贵，但愿长醉不复醒"写出了李白的"不平衡"，李白是一个典型的"愤叔"。

师：分析得真好！不如我们想象一下李白的心理独白，富贵于我如浮云，王侯于我如粪土。但我只能长醉，因为醒来一看，长安依然是你们的长安。但我李白宁愿"痛饮狂歌空度日"，也不愿与你们为伍！说到底，李白依然是一个传统的"国士"，内心始终信仰"达则兼济天下，穷则独善其身"。

第四组：我们觉得胡版"主人何为言少钱，径须沽取对君酌"写出了李白的无礼，明明是客人，却反客为主。

师：李白无礼？或许像李白那样的客人真是世间罕有，拿你的钱请客，一个劲地劝你，"喝，喝，喝，放心，钱有的是，不够？卖你家房"。然而，这样一种放肆，正可以说明在这样的场合李白是无所顾忌的。人生之快事莫过于置酒会友，更何况是一帮知根知底的莫逆之交。然而，人生愁事，也是李白说的，"举杯浇愁愁更愁"。这世上的孤独啊有两种，一种是"形单影只"，一种是"满座皆欢"。李白在好友的绮筵上，浇的是自己的块垒。他用狂放之气，悲凉之味，愤激之意，酿了一坛永远饮不尽的"万古愁"，种种复杂的情绪交织在一起，在李白心里打了一个永远解不开的"死结"！这才是李白的宿命。然而李白毕竟是李白，他的悲与愁绝不是小悲轻愁，而是雄悲与豪愁，唯有滔滔急流的黄河水，才唱得出他的寂寞之歌。

师：接下来，我们听一听另一个版本，"央视"《唐之韵》版本，"这一版"的李白你觉得怎么样？"两款"李白你更喜欢哪一款？他们在情感表达上有什么不同吗？

生1：第一版放诞豪壮，第二版惆怅悠远。

生2："胡乐民版"宛如李白附体，直接穿越时空来到了我们面前，演绎出了今人与古人的惺惺相惜，相见恨晚；"唐之韵版"则宛如一位肝胆相照的知己，忍不住长吁短叹，李白啊！李白！你的人生怎么就这么不顺呢？演绎出了今人与古人的心照不宣，同病相怜。

师：同学们把握得真准。真正的知己都是懂李白的，懂他的寂寞。所以，岑夫子微笑着纵容李白在自家的筵席上反客为主，恣意呼喝。所以，杜甫仰慕心疼李白，一眼看穿，"冠盖满京华，斯人独憔悴"。是啊，纵然是才气惊天的李白，他其实也是被这个世俗冷落的。李白的那坛"千古愁"里，融入的是从古至今所有失意之士的悲怆与不甘、坚持与辛酸。

三、PK 名家，回归项目教学的实践"原点"，体味情感

师：各位名家读《将进酒》，都读出了自己的味道，但同学们不必被名家吓倒，每个人都有不同的解读模式，"各花入各眼"，我们不妨也来场个性化诵读比拼，读一读自己心中的"李白"，尝试着诠释那个永远的"李白"，那个狂放不羁、悲从中来、愁时忧世的千古醉徒——"李白"。

生1：李白的"狂"是以"悲"为底色的，因此，要读出他的苍凉感。

生2：李白的"悲"是以"放"来化解的，因此，要读出他的潇洒感。

生3：李白的"寂寞"是一种高贵的"情怀"，因此，要读出他的固执感。

四、课堂"留白"，精化项目教学的"余韵"，辐射情感

师：李白那一日饮的是一坛"千古愁"，这坛酒还有什么别名吗？如果不限时空，你觉得李白最想与谁举杯痛饮？以此问作结，开启学生无限的想象力，进一步领悟李白那澎湃悲凉、大起大落、

百感交集的复杂情感。

整个教学设计，以项目教学将课堂合而分，分而合，迸发了意想不到的精彩，学生智慧的火花层出不穷。

这次参加"人教杯"国赛夺得了一等奖，笔者在参赛中，对文化课程中项目教学的多元施展，又有了新的体会。古典诗词的语文课堂，所谓精彩不是教师或个别学生的"独秀"，而是班级学生的"群秀"。课堂的掌控，也不必精确到"零误差"，大可以灵动与遗憾并存。只有在"天然"的课堂上，学生才能真正光芒四射。以项目引领来对古典诗词教学进行"情感分割"，有其独特的优势：一是活动，闪烁学生的机智；二是沉静，积淀学生的思想；三是民主，学生既达成共识，又求同存异。

在冷静与激情并存的竞赛现场，教师可以尽情享受"斩数敌于马下而杯酒尚温"的竞技快感，尽情施展"不按常理出牌"的怪招奇招，尽情释放紧张、凝重、雀跃、刺激等重重叠叠的情绪，能量也得到爆发，那是一种妙不可言的体验，而他们那颗酷爱"课堂"的心灵将会变得更加强大。

二、一阕《江城子》，人间"最情书"

苏轼的《江城子·记梦》，是一首经典的怀人词，鉴赏这首词，情感上必须具备一定的厚度。而且像这种脍炙人口的经典篇目，早已被无数种教学模式"展览"过无数次，如何挖出新意，上出"原味"，值得思考。

本课的导入由学生来展示，以"推荐词"的方式说一说为什么这么喜欢这阕词？没想到，学生"推荐词"写得很好。

生1：人说苏轼豪放，却不知苏轼多情。"大江东去，浪淘尽，千古风流人物。"何等大气磅礴。"归去，也无风雨也无晴。"何等乐观旷达。就是这样豪迈不羁的苏轼，却也有他的软肋。苏轼的笔用来挥洒悲情，同样感人肺腑。一首《江城子》，苏轼将离愁别绪挥洒得淋漓尽致。

生2：有人说，时间可以治愈一切伤口，但苏轼告诉我们，也有时间治愈不了的伤口。人的记忆是有限的，十年前的事又有多少人可以记得，但苏轼办到了，他清楚地记得他的爱妻，即使已经死去，但她依旧活在苏轼心中。人，无法起死回生，但只要在你心中活着，那他就一定活着。接下来请感受苏轼的内心——《江城子》。

生3：点一盏灯，听一夜孤笛声；等一个人，等得流年三四轮。在这悲凉的深夜，是否有人，独自相思垂泪？跨越时空的局限，是否有人诉说着心中离愁？现实与梦境的交织，是悲还是喜？是逃避，是无奈？让我们一起聆听情感时空栏目——《江城子·记梦》。

与众不同的"开场白"设计，效果相当不错，师生一下子沉浸在最沉最深的情怀里。

在本课的整体设计上，笔者采用了"中路突破"法：本词题为"记梦"，词中点题的是哪一句？处在全词的什么位置？这样一问，顺利架构了全词的脉络——梦由、梦起、梦碎。同时以元好问的"问世间情为何物？直教生死相许"，点出金庸一部《神雕侠侣》翻来覆去讲的是一个"情"字，学生心领神会，悟出《江城子》通篇讲的也是一个"情"字，从而顺利奠定了本词的情感基调。

　　整堂课紧扣"限时讲授、合作学习、踊跃展示"，打造出 45 分钟和谐碰撞的"学习共同体"，教师扮演了"幕后推手"的角色，以"吟诵翻叠"贯穿始终，"推荐词"佳作频出，《江城子》的"别名"丝丝入扣，"苏轼独白"动人心魄。在多元诵读、回炉诵读、个性诵读中，学生的思维在梯度碰撞中层层跃升，更上出了"语文"特有的词味与情味。

　　其中的小组赛诵，各组给《江城子》取个别名，结果每一小组都亮出了自己绝妙的答案，"别梦""流伤""殇""断"等。如果说"推荐词"是学生与文本的"初遇"，那么取别名这个环节就是学生与文本的"再逢"。

　　整堂课的吟诵分成了前后两场：第一场是学生与文本的"联谊"，男生（女生）独诵—男女对诵—同伴点评，完成"第一回合"的"情感交锋"。第二场的"吟诵回炉"安排在"小组争鸣"之后，是学生与文本的"深交"，男生二重唱（男男复诵，莽汉柔情）—男女对诵（另类穿插诵，别出心裁），用这样一种涵泳静思的方式，引发出"静"课堂背后的"沸"思维。

　　在本课的组际质疑与解惑（小组争鸣）环节——笔者以"你们发现苏轼的逻辑错误了吗"点燃了学生思维的火花。

　　第一小组率先发问：为什么苏轼说"不思量"，"自难忘"？有矛盾，都没有去想，怎么会难忘呢？各小组争相来破解：因为不敢想，怕一触碰就泛滥成灾，所以尘封起来，放在一个角落，所以设了一个感情上的"禁区"。不思量，是因为这种思念已经成为一种习惯，甚至成为身体的一部分，这里的"难忘"，不是刻意为之，而是

56

深入骨髓的一种本能，一种条件反射，一种无处不在，一种自然萌发。

第二小组紧随其后：前面说"千里孤坟，何处话凄凉"，那是苏轼感慨，因为你不在我身边，所以无人倾诉，那后面好不容易他们在梦里相逢了，却"相顾无言唯有泪千行"？这不是反常吗？各小组又来精彩破题：因为有太多的话要讲，百感交集，千言万语不知从何说起，所以会"无言"，这里是此时无声胜有声。

第三小组提出了一个"重磅炮弹"：为什么十年后，苏轼会说"纵使相逢不相识"？难道夫妻之间隔了十年就会彼此认不出来吗？

这个问题很有含金量，学生们的破解委实令笔者震惊，想不到他们对本词，对苏轼的理解能够这么准确深邃。以下是他们的回答：（1）因为他们离别的时候，还是青年，那时王弗青春貌美，苏轼英俊年轻，时隔十年，王弗红颜依旧，但苏轼却随着时光逐渐老去，因此两人心目中彼此定格的形象可能会不一样，苏轼可以一眼认出王弗，但王弗可能一时间认不出苏轼。（2）因为这十年的经历，仕途的坎坷，精神上的痛苦，令苏轼未老先衰，容颜彻底改变，变得太沧桑了，所以苏轼忍不住担心，自己老成这样，连心爱的妻子都会认不出自己了吧。

在这样一种智慧与情感的双重"对抗"下，笔者追问学生一个问题：最后的"明月夜，短松冈"，为什么不是"残月夜，短松冈"，后者不是更符合情境吗？没想到班上一学生一下子跳起来，抢着回答，说圆月用来衬托人缺，更显悲情，不经意间，学生已经掌握了"反衬"手法的妙处。

随着课程的一步步深入，学生领悟了他的写作手法。对《江城子》自然又有了深一层的领悟，后面在"吟诵回炉"自然吟诵出苏轼的灵魂，进而叹服吟诵的剧本——苏轼的《江城子》。此时让大家"为大师点赞"，学生的综合鉴赏能力提升了，很快就概括出本词虚实结合，用现实与梦境交织的手法，以梦的虚幻映衬出现实的冰冷、脆弱与凄凉。以料想亡妻的心碎来表达自己的无尽悲哀，更显情致，更见情深。料得年年肠断处，两处黯然，一种情殇。

本课结尾与本课的开场白相呼应，经过与文本深层对话，学生与苏轼进行了一场心灵对话。以《苏轼独白》的微写作，展示这场心灵对话。

生4：吾妻，今夜万瓦清霜，我又想起了你。自治平二年，你忽然离世，至今，已有整整十年。我又迎娶了润之，她也一直忠恳待我，如今又被一起累到了密州来。我为什么总是给不了你们一个安稳的家呢？我千百次地回想你当年给我的忠告，悔不当初。世人果真如你所说，趋炎附势者当避而远之。千里外的你，独自长眠于地底，又是怎样的凄凉？

生5：已近深夜，寒风瑟瑟拍打着窗沿，一盏烛火在屋中摇曳，我距家千里，也隔你天涯。你那边是否也在刮着如此凛冽的寒风？你那边是否也灯火阑珊？怎么忘了呢，你独在远方啊，那个凄凉而荒芜的孤坟啊！茫茫十年，如此之短，却又如此之长，似乎眨眼即过，却已两鬓苍苍。你还是当年的风华吗？还是当年坐在轩窗前梳妆的模样吗？可能相遇也认不出我了吧，那我这无尽的凄凉该向何人诉说。如果再相见，我的万语千言，又该从何说起呢？话那么多，那么长；时间那么短，哪里够呢！

之所以选讲这阕词，是因为其涉及灵魂的触动，有一种叫"浪漫"的东西是一种经典而古老的情感。王弗在苏轼的心里，永不老去，走向了永恒。苏轼用一场生死"对话"，一地碎心残梦，谱写了一封人间"最情书"。这堂课之所以受到大家的盛赞，恐怕也是因为充分激发了学生的思维，拨动了他们的情感之弦，他们"听说读写"的十八般武艺全都施展了出来，审美能力、品评能力都跃升了。

让每一堂课，都折射出智慧的光芒；让每一位学生，都发现人性的美好；让每一种教学，都拥有最适宜的土壤——这正是"原味语文"的"理想国"。

三、以周瑜快意酒，浇苏轼失意垒

对经典诗歌文本的解读，应注重文化内涵的挖掘，整堂课通过深入浅出的教学设计，引导学生运用素学素教原则，巧妙处理教与学的时间分配，有效进行学力培养，自然完成课堂学习目标。体现文学能量的正向传递，体现素质教育与应试教育的有效结合。师生互动追求无痕无拘，文化气息浓厚，学生能够进行一定程度的文化思辨，使课堂具有较好的文化视野与文化高度。

本堂课讲授经典诗词《念奴娇·赤壁怀古》，设想落至初心，凝于文脉。因此，以周瑜为突破口，侧重于文化思辨，以三问"周瑜炫不炫，炫在哪里？""一时多少豪杰，为什么独想起周瑜？""对待周瑜，苏轼按照常理应该怎么做？他实际上是怎么做的？"渐次推进，水到渠成，落至"初心"二字，凝结于"文气"一韵，从孟子的大丈夫之气"富贵不能淫，贫贱不能移，威武不能屈"，到苏轼的"一点浩然气，千里快哉风"，文天祥的"正气"，再到杨慎的惯看秋月春风的通透冷峻之气，将中国文脉的铮铮之气贯穿课堂，也贯穿历史。

【课堂实录】

一、设音乐之谜

师：大家好，很荣幸，能跟同学们有这一课之缘，先送给大家一支曲子。（播放音频）

生：（兴奋）好啊，好啊。

师：播放的这支笛曲，名叫《乱红》，是不是听上去比较哀婉，有点缠绵悱恻？今天我们讲谁的词？是老师放错曲子了吗？

生：（有的点头，有的摇头）没有，有

师：不如我们先来细品一下词，体悟一下词人的情感，再来下判断，可好？

生：（纷纷点头，满怀期待）好。

二、晒周瑜之"炫"

师：我们都知道，苏轼这个人很厉害，他堪称全才，似乎无所不能。然而，今天，我们读《念奴娇·赤壁怀古》，似乎又发现了苏轼的一个新技能，他是一个非常出色的"经纪人"，一手打造了周瑜这颗"巨星"。（出示幻灯片）

师：周瑜炫不炫？炫在哪里？

生笑，讨论，主动站起来回答。

生："雄姿英发""羽扇纶巾"，周瑜的容貌"炫"。

生："谈笑间，樯橹灰飞烟灭"，周瑜的能力"炫"。

师：你们找得很准，我再追问一下刚才说能力炫的这位同学，你说的能力是指周瑜哪方面的能力？

生：军事能力。而且，从"谈笑间"这处神态描写，可以看出周瑜身为将帅的镇定自若，胸有成竹，气度非凡。气质也"炫"。

师：内在与外在都炫，简直是——

生：（齐答）男神。（众笑）

生：我还想补充一下，词中周瑜的出场也不一般，从"千古风流人物"到"一时多少豪杰"再到"遥想公瑾当年"，蓄势足，出场"炫"。

生鼓掌。

师：（笑）说得非常好。不妨我们来探究一下。"千古风流人物"的历史维度。

生：历史长河的纵轴。

师："一时多少豪杰"呢？

生：截取了历史一段华丽的横截面。

师："遥想公瑾当年"呢？

生：又是定格聚焦到一个点。

师：（笑）三国时期，群英荟萃如璀璨星河，苏轼却只说一个周瑜，大家不觉得周瑜自带光环吗？

生：我又想到了一点。

师：太好了，说说看。

生："小乔初嫁了"，周瑜娶了一个美女，姻缘也超"炫"。

生笑。

师：这么一个无敌炫的周瑜，怪不得连苏轼也倾倒在他的风姿之下了。苏轼看来很有当经纪人的天分啊。（众笑）

三、羡周瑜之"幸"

师：那请问同学们，你们觉得周瑜的"巨星范儿"怎么样？

生陷入沉思。

师：或者说一说周瑜这块金子的成色到底足不足？

生：（齐答）足。

师：（笑）大家都被周瑜迷倒了吗？那么苏轼这个经纪人在"造星"的时候，他给周瑜的"百度简介"做了"改动"吗？

生：（立刻回答）有改动，"小乔初嫁了"其实并不准确，赤壁之战的时候，周瑜34岁，他娶小乔的时候，是24岁，苏轼把10年的时间差给抹去了。

师：（笑）火眼金睛啊，那为什么苏轼要公然"造假"呢？

生：老师，这不叫造假，这叫艺术手法。（众笑，鼓掌）

生：因为"小乔初嫁了"的周瑜很得意，赤壁大胜的周瑜也很得意，两个得意放到一起，得意就加倍了，周瑜就更光彩照人了。

师：说得精彩，$1+1>2$ 效应。

生：因为"小乔初嫁了"的周瑜正年轻，就这么有为，更能凸显周瑜这个人意气风发的光辉形象。

师：正所谓"烈火烹油，鲜花着锦"，大家分析得很到位。这里略作补充。你们觉得以下哪一点是苏轼最渴求的？

（出示幻灯片）

①借小乔初嫁，表明周瑜赤壁一战扬名，年纪很轻，春风得意。

②以美女衬英雄，更能衬托周瑜潇洒的风姿。

③小乔的姐姐大乔是孙权之嫂，所以周瑜外托君臣之义，内有姻亲之情。

总结：周瑜拥有孙权（明主）的绝对信任，这是他能够建功立业的一个重要条件（际遇）。

生：（齐答）第三点。

师：同学们，你们眼光很准嘛，说对了，苏轼最羡慕的是周瑜的"际遇"。

师：我们再来深入分析一下，为什么"一时多少豪杰"，苏轼独想起周瑜？（出示幻灯片）

曹操　孙权　孔明　周瑜

"进不可挡，退不可追，昼不可攻，夜不可袭，多不可敌，少不可欺，前后应会，左右指挥。人也，神也，仙也！"

师：幻灯片上的这段引用，是苏轼写诸葛亮的一段文字，这就奇怪了，苏轼明明这么崇拜孔明，那他为什么不"遥想"孔明，而要"遥想"周瑜呢？

生：因为孔明是大叔，没有"小鲜肉"周瑜这么帅。（众笑）

师：（笑）有可能，但苏轼是那么在乎外貌的人吗？

生：（笑）不是，不是。

师：还记得这两句诗吗？"出师未捷身先死，长使英雄泪满襟"，孔明是一个悲剧英雄，苏轼跟他应该是同病相怜，但周瑜就不同了，他的人生一片华丽。这两人中，哪一个跟苏轼的人生反差更大？

生：（齐答）周瑜。

师：我们一起来看。（出示幻灯片）

<table>
<tr><td>周瑜</td><td>苏轼</td></tr>
<tr><td>年龄：二十出头</td><td>年龄：奔五</td></tr>
<tr><td>婚姻：小乔相伴</td><td>婚姻：痛失发妻</td></tr>
<tr><td>颜值：英俊儒雅</td><td>颜值：早生华发</td></tr>
<tr><td>职位：东吴都督</td><td>职位：微末贬官</td></tr>
<tr><td>际遇：功成名就</td><td>际遇：仕途浮沉</td></tr>
</table>

师：这一番不同人生的对比，大家感觉怎样？

生：如果周瑜是人生赢家，苏轼便稍差一些。他们，一个春风得意，一个失意。

师：说得好。常常，我们渴望什么，往往是因为我们缺失什么。

师：苏轼的被贬还远远没结束，他被贬黄州之后，又一贬再贬，越贬越远。灰暗的人生就像是光芒四射的周瑜人生的反面。然而，苏轼也曾精彩过，考进士，他是实际上的第一名，那年才22岁；考制举，他是实际上的最高等，那年才26岁。如果苏轼人生的轨迹在这里顺延下去，那么，苏轼也会是贤臣良相，治国之栋梁。然而，历史没有如果。周瑜永远是那个"周瑜"，而"苏轼"却变得不一样了。

四、思千古之"气"

师：此刻苏轼的心绪，恐怕我们终于明了了。现在，我们可以解答这个问题了。（出示板书）

　　"周瑜"，是苏轼的一个（　　）？

师：谁来说说看？

生：理想。

生：镜子。

生：遥不可及的美梦。

生：不可说的隐痛。

师：（鼓掌）给同学们点赞，一语中的。尤其这个"梦"，既是不愿醒来的美梦。原来，苏轼是借周瑜快意人生之酒，浇自己胸中的失意之块垒。（出示幻灯片）

　　学士此词，果令铜将军于大江奏之，必能使江波鼎沸。（明·王世贞）

师：这鼎沸江波，是苏轼的悲壮之音，铮铮有声，铿然作响。然而，波上涛中，却也有他星星点点的惆怅，如点点碎金闪烁其中，这便使得江波有了情，有了温度，更有了生命的质感。同学们，现在觉得我们的课前曲，适不适合本词呢？

生：（纷纷点头）太契合了，简直是苏轼的心曲。

师：一般人，落到苏轼这般境地会怎么做？

生：郁闷。

师：那苏轼像同学们说得这样做了吗？

生：没有，不可能啦。

师：那他是怎么做的？（出示幻灯片）

　　故国神游，多情应笑我，早生华发

65

师：哪个字可以看出苏轼的人生态度？

生：（齐答）笑。

师：这个"笑"字，可以看出苏轼什么样的人生态度？

生：旷达，自嘲。（鼓掌）

师：（笑）生活"馈赠"给他的"负能量"，他是怎么化解的？（出示幻灯片）

人间如梦，一尊还酹江月

生：寄情于山水，自我化解。（齐诵）"惟山间之清风，江上之明月，目遇之而成色，耳得之而为声，取之不禁，用之不竭，是造物主之无尽藏也，而吾与之所共适。"（《赤壁赋》选段）

师：好！这才是苏轼心底永远夺不走的东西。苏轼，因为生活不顺，也会发牢骚，就如同李白一样，也会偶尔感叹"浮生若梦，为欢几何？"（出示幻灯片）

是处青山可埋骨，他时夜雨独伤神

捡尽寒枝不肯栖，寂寞沙洲冷

世事一场大梦，人生几回秋凉

师：以上组句，我们从中可以触摸到苏轼的什么样的情感？

生：凄凉感。

生：孤独感。

生：虚无感。

师：（鼓掌）想不到大家不仅品味得很细腻，还很准确。苏轼三过平山堂，曾经说过这样一句话"万事转头成空，未转头时是梦"，他比我们厉害，勘破得更透，看得更开。然而，注意，我说的是然而，苏轼并没有从此散淡不问世事，过上所谓隐士的生活。他明明看透红尘，却依然愿意在红尘走一遭，体验一切喜怒哀乐。（出示幻灯片）

一蓑烟雨任平生，也无风雨也无晴

问汝平生功业，黄州惠州儋州

师：他即使历经挫折，却依然认为所到的每一个地方都是好地方，遇见的每一个人都是好人，他将自己最狼狈的人生时段，毫不隐瞒，如此超脱的背后是什么？

生：（沉思后回答）是一种永远追求美好的精神。

师：（笑）点赞，点赞，非常好！苏轼说过"用舍由时，行藏在我"，苏轼骨子里，是有他的坚持的。如果我们用一个字来形容，这是一个人的什么？

生：（齐答）心。

师：妙！什么心？

生：初心，赤子之心。（众鼓掌）

生：气节，操守。（众鼓掌）

师：好，也就是——气。（板书）

一点浩然气，千里快哉风

师：这一点浩然气，从千年前的孟子，一直到这一刻的"苏轼"，在中国传统文化里，从来就没有断过。（鼓掌）

师：如果苏轼就在这里，你们最想对他说什么？

生：佩服。（众笑）

生：你的处世态度以及人格魅力，我会牢记于心。（众笑）

生：我从你身上学到了坚持，以后考试考得不好，我会努力奋进。（众笑）

生：你的荣辱不惊，风雨皆晴，我放在心里了。

师：（鼓掌）苏轼的浩然气，在数百年之后得以传承，体现在一个叫杨慎的状元郎以及一所临时大学西南联大上。就请大家好好记录并进行自主体会吧。

生：好的。

师：至于同学们感悟得怎么样？就是同学们的课后作业要解答的问题了。谢谢大家，下课！

生：（起立）群诵全词。（掌声）

四、课堂上的"小火花"

白鹭立雪，愚人看鹭，聪者观雪，智者见白！（林清玄）

"一只白鹭立于雪地，愚者只见这只白鹭，聪明人看到了雪，欣赏这白雪茫茫的一片，智者心中皆空灵，唯留一片空白，可谓圣境。"这可以说明两个问题，一是不同心智的人看事物的角度自然不同，二是不管什么样的人，有什么样的涵养，这是很难改变的，这在一定程度上反映了一个人的情商。（15级3+4 朱姜纬）

此三者中，看鹭者所看到的鹭与平日的鹭没多大区别，所见之景也就平淡无奇；看雪者，看到的是苍苍茫茫的纷扬大雪，所观之景已很有那种寂寞萧瑟之感了；再看智者，看见的是天地间一色的白，白里有大雪，有白鹭，有动有静，有声有色，两者相映成趣，如此一来，这景便不一般了，眼界更上了一层。其实，看人看物，要结合他们的环境来看，环境中的人在改变着周围的气场，而环境也在裹挟着人往前走。（15 级 3 + 4 郭林恺）

白鹭立雪，愚钝的人往往被白鹭所吸引，看不见雪，只能看见事物的表面。聪明的人则追求更广阔的视界，觉得白鹭在雪地里太渺小，所以看见了满天的雪。而有智慧的人，他的心就像镜子一样，如实地呈现真相，他会看见白鹭与白雪，都是白的，他会全面地看一件事物。人生的追求亦是如此，愚钝的人不知道财势名利就是那只白鹭，展翅一下，就可能飞走了，却耗尽一生的时间去追求。聪明的人知道白鹭起起落落，于是努力去实现理想，试着用各种形式来确立生存的意义，因为他们认为，如果没有白鹭来来去去，雪地也是空白无趣。有智慧的人，既不迎也不拒，在大的理想和小的追求中都有一颗创造的心，有一份感知的情意。因为不管是白鹭或是白雪，都是人生的偶然，白鹭固然会飞去，白雪又何尝没有融尽的时候呢？我们应把那种意境融进心里。（15 级 3 + 4 施闻）

白鹭立雪，好一幅奇景。试想，冰天雪地，上下一白，一白鹭不惧寒冬，傲立雪中，何等奇特。面对这番奇景，不同的人有不同的角度，不同的看法。愚人看景只见鹭。愚人见此景并无半点惊奇，也无半点欣赏之意，脑中第一个弹出的必是出于实用主义的角度。慧者睹景见雪。聪慧灵巧的人定会因此景而惊叹，感叹自然之美，慧者所见，见的是美。智者见白。智者深沉，所见甚广，若见此景，不过会心一笑，雪还是平平常常的雪，白鹭也是普普通通的白鹭，然而，白鹭融入了雪，雪包含了白鹭，天地间唯有苍茫大地，一片雪白。这不正是三种境界吗？愚者"看山是山，看水是水"；慧者所见"看山不是山，看水不是水"，他懂得欣赏与领悟；智者则"看山是山，看水是水"返璞归真，看尽一切，得人敬仰。（15级3+4俞嘉诚）

看一件事物的角度不同，心境也不同，阅历不同，你眼前的事物大概也会不一样吧。这首诗中，愚者见到白鹭立雪，惊讶于白鹭之美；而聪者却明白白鹭之所以美，是因为白雪的映衬，两者相得益彰，愈发圣洁；而智者则不同，他不关注两者，而陶醉于两者的和谐，白鹭与雪结合在一起，毫无别扭之感，仿佛天生如此，鹭之白与雪之白加在一起，更是白上加白。老实说，高人的眼光自然与众不同，我们无须羡慕，更别指望学，做好自己就好，一切随心，万般皆好。（15级3+4赵诣）

屈原与渔夫，你会选择谁？

在"江边对话"一场，设计了这样一条题目：如果你是招聘会中某单位的主管，屈原与渔夫都来应聘，你会录用谁？理由是什么？

一开始，班上学生不约而同选择"渔夫"，理由是他情商比较高，能够审时度势，容易与同事们打成一片，而且处理事情比较圆通，不会引发矛盾，这样的为人处事符合当下社会的主流。

于是我问了一个问题："你们真的都决定选择渔夫了吗？"

同学们陷入了深思，随即纷纷给出了精彩的答案。

生1：屈原不会跳槽，他会为公司奉献一辈子，他很忠诚。

生2：如果是我的话，我会将屈原安排在设计部，负责创意设计，他的个性比较坚持，就可以有自己独到的见解与主张，不会左右摇摆。

生3：我欣赏屈原的刚正不阿，直言不讳，有什么说什么，这样一种坦诚，才能在工作中真正赢得同伴们的支持。所以，对于屈原，我肯定会录用他。

生4：如果你要选一个有真才实学的人，你就选屈原。

生5：如果屈原稍微调整一下他的处事方式，那么他会变得更强。

生6：别忘了，屈原当年可是"博闻强志，明于治乱，娴于辞令，入则与王图议国事，出则应对诸侯"，只要信任他，给他一个舞台，他就会尽情施展他的才华，我愿意做他的伯乐。（笑）

学生们对历史人物有自己的评判与认识，答案不拘一格，这场讨论的目的也达到了。对文中的两类人生观，客观评价，各述利弊，既不盲目拔高，也不肆意贬低，对中国传统的"士"的风骨、操守、信念、局限，也有了更清晰的认识。

我的"荣誉"勋章

练习长跑的这些天，每天都觉得拼到了极限，倒头睡下时并没有感觉，一夜醒来之后才会惊觉全身的酸痛，连支撑自己起床这样的小事都变得极具挑战性，甚至大笑也会感到"伤筋动骨"。

可是等到这种感觉完全消失过后，竟然又会有点儿想念！想念疼痛的意义，伤痕的价值！我能从中感知生命拔节的神奇，脑海中的回忆不同，肉体上对痛感的记忆也不同，他们联合起来，构筑成我对世界多维立体的感知。当我可以平和地接受那种锻炼后肌肉酸痛带来的"酸爽"，我便也能坦然的接受心痛的体验。好像连着心脏也会一道强大，那些心伤，我也一样关切并珍惜。运动，让肉体和灵魂迅速恢复清醒；疼痛，将虚惘和现实瞬间冻结分离；伤痕，使荣耀和失败永远铭记于心。

　　没有什么是不好的，也没有什么是大不了的。成长的苦与乐，我照单全收。我学会痛并快乐的成长，学会一个词叫"接受"。

　　完美自然是求之不得，且何其稀少。伤痕或许丑陋，但它是真实的，它是每个人的 Logo，是每个人的"荣誉"勋章。

　　我想，真正集大成者，是一定不会厌弃自己的旧伤的，无论是心灵上的，还是肉体上的。因为它们都是付出和牺牲的证明，见证了一路走来的艰辛与苦涩，让你知道眼前的成就不是虚幻。

　　青春期的我们，何必为了一点儿轻微的擦伤，一点儿碰撞的淤青，一点儿尖酸的闲言碎语，一点儿懵懂的感情……而耿耿于怀？

　　夜深的时候，请不要一个人孤独地舔舐自己的伤口，更不必遮遮掩掩，伤口也要呼吸，它们自会愈合，它们自有另一种美和价值。

　　坚持、从容、淡然，包容，这才是女生的核心要义，亦柔亦刚，不是吗？那些貌似纤薄的身影在生命的飓风中努力前行，就连她们的背影都恍惚出一种磅礴的大义。

　　我要继续无畏地拥抱欲扬先抑的成长，迎接生活的风吹雨打，轻抚并珍藏每一道伤痕，它们，都是我一路斩获的"荣誉勋章"。

（15 级 3 +4 汤玉玲）

我更喜欢苏轼

《青玉案·元夕》中的"那人"是一个怎样的女子？

这是一个气质内敛，不张扬，修养很好的女子。虽然全词未有一句点明她的神态与举止，但我们依然可以想象那女子就这么站在一个灯火零落稀少之处，安安静静的样子。刚刚词人还在写艳丽、欢快的场面，文风陡然一转，由极鲜艳欢快的笔调转入安静沉定的笔调，"那人"站在灯火阑珊处，任凭元宵节繁华喧器，可她丝毫不为所动，静守着一方天地，眉眼模糊，只是一道影子，似乎下一刻就会没入夜色，好似从未出现过。然而，词人一见她，心中的焦躁、跃动全不见了，也顷刻变得安定下来，这一刻，外面的热闹场景反而成了女子的虚化背景，更衬托出她的绝世超俗的气质。（15级3＋4 郭林恺）

《氓》与《静女》中的女性形象在她们的恋爱阶段显示出来的个性有什么异同？

《氓》与《静女》同属《诗经》，读这两首诗，似乎是在品两杯花茶。两者都有着花茶的独特清香，闻起来令人心旷神怡，茶的汤色甚是清亮，透澈直见杯底，但品完两杯花茶，我才真正感受到两种不同的"花的纯洁"。两位女子皆貌美，非但貌美，心也美。她们敢于拥抱爱情，不在乎世俗对于男子家境的要求，便是千难万阻也要与相爱的人在一起，她们看人的心不曾被世俗墨染半点。

其中，《氓》中的女子，是一杯茉莉花茶，纯洁而有一点羞涩。她让情郎请媒人来，这并非保守庸俗，反而体现了她心中对纯洁爱情的渴望。便是她在垝垣上又哭又笑，也能见她的可爱，真是放了很多心思在爱上。只是很可惜，她遇上的并非良人，茉莉的纯洁掩藏了一颗破碎的心。而《静女》中的女子，是一杯菊花茶，从她捉弄情郎，就可以感受到菊花茶中那一抹灵动的芳香，这是一种活泼的可爱，有着少女特别的调皮。她很幸运，不同于《氓》中的"丈夫"，她的情郎有一股"痴气"，坚守着对她的爱。(15级3+4张钰龙)

两诗中的女子都真诚纯洁，对待爱情坚持己见。《静女》中的女子与她的恋人两情相悦，恋爱中的甜蜜更浓。《氓》中的女子喜欢上氓后，就同意了他的求婚，没有遮遮掩掩不好意思，同时，她也坚持必须要氓找来媒人才嫁给他，这说明她在恋爱中仍有一丝冷静，坚持着自己的原则，没有被爱情冲昏头脑。(15级3+4郭林恺)

《氓》中的女子在恋爱阶段与《静女》中的女子相比，都陶醉在爱情中。《静女》中的女子更有"泼辣"的一面，还会捉弄心上人；《氓》中的女子则迷失于"氓"的花言巧语，对"氓"太过依赖。《静女》中的女子是爱情的主导方，《氓》中的女子迁就对方，是爱情的弱势一方。(15级3+4茅雯焙)

人生五味，吾独爱甜

喜欢上甜，可能像大多数人一样，想摆脱苦味的生活，甜冲淡了生活的苦味，在苦这一味道里，有一个词——"回甘"，似乎，这才是苦味的最高境界。可见，我们对于甜味的渴望。甜所带给我们的，正是人们理想中具有诗意的世界，一个被普遍认同的世界。

母亲一直有做甜汤的习惯，将时令水果，如菠萝、杨梅、李子一类的腌制保存，再在秋冬取出，配合上龙眼干、蜂蜜、银耳、百合等放入小小的锅中熬煮，发出咕噜咕噜的气响，水果散发出的汁水悉数被汤所吸收。

晚阳笼晕的黄昏，寒风吹过的深冬，用陶瓷汤勺轻舀一口，唇微抿细吮，果香混合着红糖特有的厚实与绵密从舌尖缠绕到舌根，任何笔墨不足以形容。甜味所带来的，不仅是萦绕心上的触感，更是化不开的人伦之情。

一个雨水潇潇的夜晚，梅子黄时，雨滴里坑坑洼洼的尽头，一顶油黄黄的油纸伞，三两张及膝高的小条凳，一碗清清白白的甜豆花。甜味所带来的，是任何时候身处异地的归属感。

任何一种味道都有自己的故事，似一道微弱的柔光，紧跟着你，哪怕无法照亮前方，却也时刻闪亮。(15 级 3 + 4 李子恒)

于细微处觅深意

一、追寻《故都的秋》"深沉"的"况味"

在《故都的秋》中，郁达夫描绘的都是故都巷陌寻常可见的风物景致，却蕴含了对于故都清秋的无限钟爱，那是一种超乎寻常的深情与厚意。郁达夫的文字简丽中有深意，旷远中有悲凉。

我以为，要想读出《故都的秋》的深厚蕴藉，似乎应当同时关注作者其他的关于北平与秋天的作品，尤其是作者大约两年之后写下的另一篇散文《北平的四季》，后者几乎可以说是前者的"互文"与注释。

在《北平的四季》中，作者再一次比较了南方的秋天和北方尤其是北平的秋天："北平的秋，才是真正的秋；南方的秋天，不过小春天气"。在作者的心中，"北平的人事品物，原是无一不可爱的，就是大家觉得最要不得的北平的气候，和地理联合上一起，在我也觉得是中国各大都会中所寻不出几处来的好地"，于是便有了作者笔下意味无穷的《北平的四季》。在写完了冬、春、夏三季的横生妙趣之后，作者表示，两年前写过一篇《故都的秋》，"对这北平的秋季颂赞过一遍了，所以在这里不想再来重复"，然而仍然觉得意犹未尽，忍不住又洋洋洒洒地写下了一个十分精彩的段落，并且为《故都的秋》留下了一条注脚："北平近郊的秋色，实在也正像是一册百读不厌的奇书，使你愈翻愈会感到兴趣"。"故都的秋"，美就美在它的清、静、悲凉，美在它的浓郁的书卷气，美在随处可见的"深沉的地方"。

例如，《故都的秋》中历来为人所称道的写秋槐落蕊的那一段：

北国的槐树，也是一种能使人联想起秋来的点缀。像花而又不是花的那一种落蕊，早晨起来，会铺得满地。脚踏上去，声音也没有，气味也没有，只能感觉出一点点极微细极柔软的触觉。扫街的在树影下一阵扫后，灰土上留下来的一条条扫帚的丝纹，看起来既觉得细腻，又觉得清闲，潜意识下并且还觉得有点儿落寞，古人所说的'梧桐一叶而天下知秋'的遥想，大约也就在这些深沉的地方。

这些"深沉的地方"不仅与故都深厚的文化积累有关，也与作者自身深厚的文化素养有关。这"深沉的地方"并不限于那些名气很大的名胜古迹，而是普遍到几乎无处不在——好像故都秋天的一草一木，全都植根于"典丽堂皇，幽闲清妙"的中国历史文化典籍之中。如作者所说，"在北平即使不出门去吧，就是在皇城人海之中，租人家一椽破屋来住着""你也能看得到很高很高的碧绿的天色"。而当我们"静对着像喇叭似的牵牛花（朝荣）的蓝朵"的时候，就不仅"自然而然地也能够感觉到十分的秋意"，或许还会自然而然地感悟到杜牧的诗意，"天阶夜色凉如水，卧看牵牛织女星"。至于"秋蝉的衰弱的残声"，几乎是立刻就把我们带到了白居易"满地槐花满树蝉，就中肠断是秋天"的凄凉哀怨；而"息列索落"的秋雨，以及都市闲人用"平平仄仄"的"歧韵"念出来的"一层秋雨一层凉"的感慨，与辛弃疾"而今识尽秋滋味，却道天凉好个秋"的千古浩叹，又有什么不同呢？

"深沉的况味"——或许可以用来概括《故都的秋》暗含的意蕴。二千余字的《故都的秋》是一九三四年八月十七日，郁达夫在到达北平的第四天的一个上午一挥而就的一篇"急就章"。而此前在青岛避暑整整四十日，他却并没有写出一篇《青岛的夏》来。可见，心有所感，才有所文。这篇"急就章"的背后，是郁达夫长达十年的魂牵梦绕。十年的积淀，一旦得以宣泄，《故都的秋》之中的情感，自然浓郁得化不开，淡不了。

　　情感丰饶的郁达夫，踱步在故都的街头巷尾，浸润于中国传统文化的神韵——那种不可言说的儒家的平和与道家的散淡。

　　深沉的况味——或许暗指郁达夫写作《故都的秋》前后的思想情绪。一九三三年四月，郁达夫由上海移家杭州定居。他的本意，大约是要逃避沪上国民党反动派的政治高压和白色恐怖，同时也远离文艺界的纷争。写于半年前的小说《迟桂花》，已流露了避世隐居的去意。然而，郁达夫很快就发现，"杭州一隅，也绝不是世外的桃源"，当时，中国北方战云密布，继东北沦陷之后，日寇又相继占领了山海关和承德，进而觊觎整个华北乃至全中国。在内忧外患的夹击之下，郁达夫唯有借用自己旧日的诗句来抒写心头的愤懑和无奈："烽火满天殍满地，儒生何处可逃秦？"在此后一年多的时间里，从表面上看他似乎是怡然自得：整日里喝喝酒，赏赏花，读一些闲书。然而，实际上他生活得并不轻松。正直文人的良知，使他无法真正忘情于世事。他在一首记游诗的诗后写道："近来生活为左右所夹，颇觉烦闷，精神躯体，都不能自由，创作生活，怕将从此告终矣。"

　　一九三四年七月，郁达夫辗转赴北平。重遇了故都寻常巷陌亦处处可见的与中国历史文化精神息息相关的"深沉的地方"，遂写下了千古美文——《故都的秋》。读此文，如果读得细一些，似乎还可以听到作者隐藏在字里行间的喜极而泣的深长感喟。作者所挚爱、所追寻的"故都的秋"，于千万人之中，不早不晚，刚巧遇到的灵魂知己，其实，这正是经过千秋岁月淘洗的，深沉的中国历史文化精神的象征——散淡平和。

　　在我看来，作者的挚爱故都的秋，实质上是一种特殊形态的深挚的爱国情。彼时彼地，"故都的秋"已在异族侵略者的觊觎与威胁之中，作者希冀通过自己"一枝一叶总关情"的描述，让维系着中国文化精神的"故都的秋"长存人世。作者一介寒儒，手无缚鸡之力，虽无保卫故都的勇武，却不乏与"故都的秋"共存亡，甚至是以自己的生命换取"故都的秋"永世长存的英勇气概。这篇散文没有一个字提及抗日救亡活动，但联系彼时彼地的政局形势，联系郁达夫一贯的思想言行和他以后在抗日战争中的英勇表现，当我们读到这篇散文的结尾，读到"秋天，这北国的秋天，若留得住的话，我愿意把寿命的三分之二折去，换得一个三分之一的零头"的时候，仍然能够从作者对"故都的秋"的挚爱中，从表面上看起来作者独异的甚至是偏执的审美感受的文字中，读出深层的大义凛然的悲壮来。而在作者所写的《北平的四季》里，在他从容不迫、如数家珍的娓娓诉说中，隐约可见的是一种凛然与悲壮。

古人的"悲哉秋之为气"以及"胡笳互动，牧马悲鸣"的那一种哀感，在南方是不大感觉得到的，但在北平，尤其是在郊外，你真会得感至极而涕零，思千里兮命驾。所以我说，北平的秋，才是真正的秋……

这里的"南方"和"北平"原有的地域意义，似乎显得更加淡漠了。而对于"真正的秋""感至极而涕零"的强烈的情绪反应，与当时的严峻形势显然有着联系。孕育了这样深沉悠久的历史文化的故都的秋是令人心驰神往的，而拥有这样的秋的国土和民族，则是不可战胜的。在那样一个时代和那样一种普遍的社会心理情绪之中，"北方"似乎不仅是一个自然地域，更是一个社会地域、心理地域，似乎更多地萦系着中国人，尤其是中国的文化人的心神。闻一多说过，"我爱中国，固因他是我的祖国，而尤因他是有他那种可敬爱的文化的国家。爱祖国是情绪底事，爱文化是理智底事。"大凡理智的爱，不一定时时处处溢于言表，但是更深沉，更持久，更刻骨铭心。

《故都的秋》中纤细的审美感触所掩映的"深沉的况味"正是郁达夫对于祖国的一片挚爱。这是诗人郁达夫忘情吟颂的，也是志士郁达夫舍生取义的根基之所在。"曾因酒醉鞭名马，生怕情多累美人"的郁达夫，骨子里依然是旧式文人的猖狂与多情。

二、《想北平》的恋恋情深

当下，各种语文流派纷杂热闹，仅以笔者所在区域而言，就有"文化语文""情意语文""诗意语文""智慧语文"等，有些已经开枝散叶，自成气候，打出了自己的招牌。然而，笔者一直有种疑惑，语文教学万变不离其宗，任何一种所谓的流派，都与语文学科的特质"情"与"境"，"文"与"法"脱不了干系，因此，流派的名头五花八门，其实其本质的追求依然大同小异。基于此，笔者尝试索性回归原点，研究"原味语文"。

这里的"原味"有三层含义：

其一，真实，课堂是原生态的呈现，应当彰显学生朴素而粗糙的生命力；其二，感悟，课堂是原思维的升华，应当彰显学生灵性而多变的创造力；其三，多元，课堂是原色调的底板，应当彰显学生丰富而多彩的个性力。如此，在课堂上，有多种声音自由发声，最后汇聚成思想的清流。

因而，文本的挖掘，依然是语文教学的根本，而学生对文本的理解，有很大的潜力空间，甚至留有遗憾的空白。找寻合适的突破口，来打开学生的思维闸门，就显得尤为重要。下面，以《想北平》为例，展现"原味语文"之"原味"。

赏析《想北平》，除了鉴赏老舍清雅自如的文字功底，更要能够敏锐地洞悉老舍复杂的内心情感。剖解其名篇，也应当不走寻常路。笔者另辟蹊径，在文本阅读中设置了三个回合的涵泳品析，试图层层递进，直击文本，来触摸老舍的深沉情感。

（一）探究本文文题的"直白"

一个"想"字，千思百想，心里时时刻刻的惦念；又一个"想"字，悄然揭示了作者此刻身不在北平，而心在北平，正是因为不在眼前，所以越发惦念；还是这一个"想"字，透露的情感是私人的、个体的，更是独有的、不可替代的，因而带有老舍本人强烈的主观情感，浸润着一种独特的情感色彩，老舍心灵深处翻涌不息的是他记忆里魂牵梦绕的"我的北平"。如此，以一个"想"字的揣摩与挖掘，奠定了课堂上浓郁的情感基调。

（二）探究什么是"说不出的爱"

什么样的爱才说不出？说不出的是什么？这样一个看似绕口令的问题，其实是对文本的双重追击，用这两个问题尝试梳理老舍内心复杂而醇厚的情感。

在课文1到3段中，老舍多次或低吟或慨叹自己对北平的爱，"说不出来"这种境界很耐人寻味。首先，是因为北平蕴含的内容太丰富，太博大，不知从何说起，"说不出来"，是老舍唯恐自己说不完，生怕把北平给说"小"了；其次，老舍爱北平就像爱自己的母亲，那已然是人的一种本能，是一种由内而外的自然的情感宣泄，"说不出来"，那是因为根本不必说，它就在那里，深植内心；再次，老舍深爱北平，他就想把最多的赞词、最好的赞词、最高的赞词都呈献给他心中的北平，然而他自觉词穷，觉得世界上任何一个词都无法道尽其对北平的挚爱，"说不出来"，那是因为怕自己说不好，怕不小心辱没了心中的北平。正是这样一种爱，居然让这样一位文学大师都"露怯"了。如果再分析细致些，学生就自然可以联想到，有一种深情，是由千言万语转化为沉默不语；领略到类似于"我的心中纵是一片汪洋流出来的也只是一滴眼泪"的深沉，领略到一种"此时无声胜有声"的情思绵延不绝。

（三）探究感情的天平上"情"的分量

俗话说，感情要经过比较才分得出轻重，也有人说，"爱"常常是一种主观性的情感，正所谓"彼之砒霜，吾之蜜糖"。更何况，是北平那样一座底蕴极深，历史极悠，名胜极盛，风物极多，特点极鲜明的著名都城。因而在这个环节笔者设置了一串问题链：跟谁比？—比什么？—比下来的结果怎么样？—你认同这种结果吗？于是，答案就呼之欲出了。老舍将北平与其他四座世界性的历史古城来比较，是找了同一级别的重量级参照物，起点本来就高，然而几番比较，比来比去，老舍的答案都是唯一的，"北平"，"我的北平"。"我的北平"动中有静，闹中取静，布局匀调，刚刚好，恰恰好。"我的北平"，花多、草多、果多、菜多，那带着霜儿的玉李，甘甜多汁，纯乎自然，刚从枝上摘下。比起包着纸的美国橘子带着一种高高在上的疏离与隔膜，北平郊外带着田野芬芳的菜蔬与瓜果的气息，早已经使老舍倾倒，也使读者倾倒。

文中老舍带着满溢的欢喜，说"北平怡人宜居"，怡什么人？宜何人居？——平民大众！就在这样的点拨与引导中，学生自然而然触摸到了老舍对北平的深沉之恋，体会到了这种俗世家常的珍贵情感。

摒弃浮夸喧哗与过度解读，还语文课堂一个"干净"。

三、春无踪迹谁知，除非问取黄鹂

孙犁先生的名篇《黄鹂》，既是一篇美文，又是一首心灵之歌，带有很强的人文色彩和美学神韵。所以在教授这节课时，笔者借助音画，试图打造一堂心灵之课。

在课堂预设环节，笔者以《野鸟情歌》作为课前曲，营造了"春之声"。上课伊始，开场白如下："秋风起，秋意满园，不过我们可以让时光倒流。春光总是与花鸟相伴，今天我们就来寻觅一段奇异的人鹂之缘，走进孙犁先生的内心世界。"同时，笔者展示春景图并搭配音乐（约一分半钟）以酝酿气氛。

这一环节牢牢抓住了同学们的心，将他们引入了笔者预想的诗情画意之中。

在讲述四段人鹂之缘时，笔者围绕精神世界，设计了两个独具匠心的问题，在课堂上形成了两次较大的起伏。

在第一次"阜平黄鹂"的环节，穿插了一个看上去饶有趣味的问题：在烽火连天的战争岁月，孙犁却还关注一只小小的黄鹂，是否有些不合时宜？

一石激起千层浪，同学们想象的火焰顷刻间被点燃。有的说："孙犁是个文艺兵。"更有甚者，说："孙犁是文人……"在给出所有回答之后，同学都将目光投向了笔者，教室里忽然就静了下来。笔者没有直接表达自己的观点，而是缓缓地为他们讲述了电影《百合花》里的小战士把野花插在枪管里的片段。并说出了我的理解："在残酷的战争年代，关注小小的黄鹂这个细节的背后，隐藏的是孙犁心底对美的追求与挚爱，这样的情感是战争消磨不了的，也是我们生命中不可或缺的一抹亮色，是光芒所在，是希望所在。"话音刚落，同学们热烈地鼓掌，有些孩子的眼眶微微润湿了。

而在第四次"江南逢鹂"的环节，我又一次抛给了同学们一个难题："鹂飞江南，美到极致，为什么美到极致，作者反而没有淋漓尽致地描摹黄鹂动人心魄的美呢？作者的意图何在？"同学们先是疑惑，然后顿悟，此时的黄鹂不再只是一只鸟了，而成为了一切美好事物的化身，作者借赞美黄鹂赞美一切美好的事物。此时我适时追问：为什么黄鹂只在江南才达到了美的极致，也就是我们一直说的"和谐"？

放眼望去，自然界的"和谐"比比皆是："春江水暖鸭先知"清新扑面，"惊涛拍岸，卷起千堆雪"壮阔豪迈，"野渡无人舟自横"随意潇洒……

趁热打铁："同学们能举些例子吗？"学生回答蓝天白云、鹰击长空、清泉石上流、飞流直下三千尺、沾着露珠的小花……答案清新可人，趣味盎然。

其实从自然再到社会，到我们的生活细微处，也处处存在着"和谐"的美。此时，下面这个任务就水到渠成了。我要求学生"分组讨论，每组自选一个代表发言，组内其余同学可以补充。对本组所举例子，其他组同学予以点评，找出美在何处"。想不到这一环节成了整堂课的高潮，同学们的灵感火花瞬间点燃了课堂。

他们的答案精彩纷呈，感人至深：雨天，两个陌生人默默共撑一把伞（学生评析：举手之劳的友爱）；夕阳下，妈妈守候的身影拉得很长很长（学生评析：默默等待的爱）；运动会的百米终点线，队员们忘我冲刺，奋力前扑（学生评析：拼搏的美很有张力）；清晨，公园里老人悠然起舞，过往行人微笑停驻（学生评析：老去的是年华，不老的是热爱生活的心灵）；黄昏，两位老人在暮色中相携而行，银发笑颜（学生评析：经历了无数次考验的真爱）；草坪上，笛韵社的成员们沉醉在幽幽的笛音里，仿佛拥有了独立的小世界（学生评析：青春的魅力就在于投入地去做自己喜欢的事）……同学们的笑语，此起彼伏，每一个小组的成员都争先恐后地发言、点评。原来，孩子都希望拥有和谐美好的家庭，和谐快乐的校园，和谐安宁的社会环境。在我们每个人的心底，都流淌着一支美的赞歌，黄鹂鸟儿的身影无处不在。只有美好的心灵才能感知美好，创造美好，珍视美好。

最后，在下课乐曲——古筝曲《出水莲》的妙声中，全体学生随口吟诵着自己熟悉的关于黄鹂、关于春天的诗句，迎来悦耳的下课铃声。

四、君子之于子，爱之而勿面

常跃强笔下《淡淡的深情》一文里的母亲，似乎与我们平日里熟悉的"慈母"形象相差甚远，文中描摹其母亲对待儿子的特别，初读甚至令人诧异和不解。

果然，读过一遍，笔者让学生归纳母亲文中出现的几处神态描写，"淡淡的表情""淡淡的笑""淡淡的言语""淡淡的背影"，与此同时，无所谓、冷漠、铁石心肠、吝啬……学生纷纷说出他们对母亲的"第一印象"。在一片声讨声中，笔者顺势让他们再次阅读，深入课文，共同为母亲"翻案解冤"。再读之下，隐藏极深的母爱终于丝丝缕缕透了出来。

考上大学，父亲的喜悦溢于言表，母亲表情冷淡，却有一处细节"暖暖秋阳里给我缝被子"，俗话说"慈母手中线，游子身上衣"，有多少爱凝聚在这一针一线中呢？细细品味这一细节，温暖扑面而来，让人猝不及防险些流出热泪。

出门送行，母亲只走了三五步，便很决断地转身，硬朗朗地走回去，留下一个葡萄架下的淡淡身影。却不免让人遐思，葡萄架下的背影究竟停了多久？母亲又偷偷流下了多少不为人知的眼泪？

婚后回家探亲，聊起陈年往事，母亲终于说起当年做的噩梦。满座皆笑，独做儿子的讶然失笑。细细思量，母亲有多少郁结于心的思念与牵挂，才会在噩梦里发泄痛哭到没气的地步。心细如发，忧儿千虑的慈母何曾有过一刻安宁。至于那句悄悄话"她也舍得炒顿肉让你吃吗？"让人失笑之余，更让人诧异，这位母亲是怎么忍住自己的无尽思念，而放自己的爱子自由轻松地去远飞？

直到文尾，作者石破天惊道出母亲的心声"你父亲说：'咱的儿子成才了，往后我再也不跟你生气了，咱好好过日子吧！'你为母亲争气，这也罢了"。原来，母亲唯恐年少浮躁的儿子动情分心，压抑的不仅是自己对儿子如泉般涌动不止的思念，更有自己那无法言说的生活的心酸与遗憾。这样的母亲分明是一株沐于风霜，昂然挺立的苍松劲柏。

怪不得古人云："君子之于子，爱之而勿面，使之而勿貌，导之以道而勿强"。母亲平凡而朴实，普通而坚忍，含蓄而深沉，质朴而内敛的形象跃然纸上。

于缀思处结凝想

一、"三昧真火"

当下语文界，各种语文流派纷杂热闹，仅以苏中区域而言，就有"文化语文""情意语文""诗意语文""情趣语文"等，有些已经开枝散叶，自成气候，打出了自己的招牌。然而，语文教学万变不离其宗，任何一种流派，都与语文学科的特质"情"与"境"，"文"与"法"脱不了干系，因此，流派的名头五花八门，其本质的追求应当指向一致，即焕发课堂的生命力。

一课只要有所得，教师一讲到底或一句不讲都无妨，关键是学生是否心动，是否有得。如今，某些上课叫"作课"，犹如过去唱戏，"作秀"，"作…科""作…介"，一堂"作课"，是僵硬的、暴力的、死寂的，带来的负面影响甚至会是毁灭性的，它会悄然扼杀学生探究、发现、感动的兴趣与愿望。

理想的语文课堂，是基于文本，以情感为主线，借个智引发群智，有弹性、有温度、有激情、有创意的刚柔相济、动静皆宜的课堂。授课者将可能存在的教条硬壳，将专制主义、训练主义、科学主义等所谓主义悉数抹去，还日常课堂以纯净，不再一味"速成"，整天讲"用法"，而是进行积累式、培根式、个体式培养，将教育的灵性、人文性与个体生命的质感，叠合在一起。师与生从种种喧嚣的形式主义中解脱出来，彻底摒弃"切割式课堂""花哨型课堂"，转而倡导一种"原味课堂"，有情味、有趣味、有哲味。学生在这样的课堂上，长于"思"，敏于"说"，敢于"辩"，乐于"美"。具体而言，课堂呈现以下特质。

（一）情味课堂

学生作为个性鲜明的生命个体，心中有着一切美好人性的萌芽。虽然他们的生活经验有着很大的差别，他们的心智活动也是各不相同，也因此在课堂中产生的独特的感受既无法预设也很难预知，全凭学生的自然生成，这就全看课堂是否成功"发酵"。只有洋溢着人性之美的语文课堂，才能体现语文教学的人文价值取向。除了文本的巨大价值与课程固有的意义，教师还可以发挥自身独特的人格魅力，展开"润物细无声"的人文熏染，用自身的人文蕴涵去滋养、提升学生的人文素养。教师用自己的情感调动学生的情感，当喜则喜，该怒则怒，师生一道体会和投入到激动、平静、愉快、悲哀、得意、紧张、悠闲等种种情绪，从而，整个课堂"情意"浓浓，"暖意"阵阵，充满和谐、诗意的氛围，令学生精神和身体都得到前所未有的放松，敢想，敢说，敢质疑，敢反驳。

（二）哲味课堂

语文教学，应该是学生在阅读和感悟中表达、充实和提升自己灵性的过程。学生丰富多彩的个性、独特的观察视角、绮丽的想象，为语文课堂氤氲许多不确定因素的同时，也为语文课堂留下了许多无法预约的精彩。课堂上如果教师太过主观，无形中会剥夺学生说话的权利、思考的空间、展示的机会。以传统阅读为例，阅读其实是一种相当个性化的行为，每个人都会产生其独特的阅读体验。这种体验或大或小，但都有它们存在的价值。语文课堂，应给予学生自读自悟的权利，允许偶尔的"停摆"，让学生有充足的时间"亲近"文本，在平和的、无权威的反反复复的师与生、生与生的交流中，学生的灵性依次被擦燃，生成一个个新的视角，形成师生共同的精神家园。

（三）趣味课堂

肖川先生有过这样一句话："当我们能以古典的心情对待学习，春日的鲜花、夏日的小溪、秋天的明月、冬天的残阳，都将以更为美好的风姿走进我们的日臻完满的生活。"从一定意义上说，学生的生活体验越丰富，他能感悟到的语文内涵也就越丰富。语文课堂应当始终荡漾着生活的气息，在传承经典文化的同时，也并不排斥世俗文化的影响力。学生用自己的思想去评判生活，去享受生活。以古典诗歌教学为例，就变传统的"知人识文"为"赏文鉴人"，由文本出发，将文本作为钥匙，破解文本背后的作者以及当时的社会，以这样一种追本溯源的方式，研透文本，赏透文本，悟透文本。学习语文就是追溯传统文化，感悟现实生活，涵养悲悯情怀。任何文化的积淀，落到终点，都是"人性"。所谓"悲天"，就是论时、论世和论道，解构时代洪波，解读时事艰难；所谓"悯人"，是生命意义的终极关怀，感知作者、感悟人物、感恩生活，以生命对话生命。只有拥有了悲天悯人的情怀，才能穿越时间的长河，感受古老悠远的文化，品评东西文化的内涵，构筑自己的诗意人生。

课堂上的"情味、哲味、趣味"如果间歇性"冷却"的话，学生的综合素养可能会起伏不定，甚至"变质过期"。因此，"三昧真火"必然要燃到课外。

1. "依山环水"，营造传统文化大氛围

工作室沿用传统手法，在教室内外的走廊或悬挂或喷绘图文并茂的诗文图画，张贴《格言》《智语》《短诗》等相关内容，同时，定期举办中国古典文化系列讲座，在校报连载学生的作品，举办诗词硬笔书法比赛，读写绘作业展览等，形成了系列活动。其中，最有特色的是，精心布置了以"农历的天空下"为主题的文化长廊，走在长廊里，师生仿佛徜徉在历史的长河里，随手触摸着农历社会散发出的文化气息，并布置了半自由的命题征文《二十四节气——（　）》，结果佳作迭出，《……（惊蛰）》《……（芒种）》《……（处暑）》《……（大雪）》等。"处暑，七月中，处，止也，暑气自此而止矣""记忆中的芒种，就连空气中都弥漫着麦子成熟的香味，麦穗承载着恩惠，山菊花也变得含情脉脉，烟雨蒙蒙的江南，六月的雨水，豆酿莲藕的清香，初夏的味道"，学生对传统文化的认识以及兴趣，远远出乎教师的意料。可见，只要巧妙地制造契机，学生自然会反馈出奇迹。这些措施，极大地提高了学生审美与欣赏的能力，潜移默化地培养他们的文言雅行以及文化情怀。

2. "小打小闹"，研发传统文化微课程

"晨诵"是工作室重点打造的一项长期校园文化活动，与之相匹配，进行了传统文化微课程建设，自主研发了走进经典——晨诵读本。学校晨诵的主要形式：晨间诵诗、日常诵诗和情境诵诗。相继研发了数个微课程，例如，将古典诗词重新组合，形成一个个"主题单元"，"梅花"篇、"桃花"篇、"菊花"篇、"酒"篇、"明月"篇等相继诞生。而在"农历的天空下"主题单元中，依照一年二十四个节气的特点，选择相应的古诗，将它们串在一起，带领学生进行漫长的时空穿越，内容涉及唐诗宋词、农历、绘画、书法、民风民俗……在借助文字进行精神穿越的过程中，学生慢慢沉浸、感悟、传承。同时，工作室还吸收时尚元素，将古典与现代相结合，将音乐、绘画、写作相结合。最受欢迎的"音乐笔记"主题单元，学生们展现了惊人的音乐素养，古典摇滚，乡村民谣，流行音乐，都有所涉猎；且呈现了他们独立的审美鉴赏能力和表达评说能力。学生利用美篇、简书、易企秀、全民 K 诗等手机 App，上传小组作业，如《中国传统之下的侠文化》《流行音乐中的古典元素》《吟心诵情——经典咏流传》等，进行小组成果展示，传承传统文化的同时，又有创新与改变。

3.“舞文弄墨”，形成传统文化磁场

工作室以学生社团为载体，致力于通过内涵提升来实现文化提升。学校的社团文化已经渐趋成熟，既有老牌社团，又有新生社团。以军乐社、礼仪社、茶艺社为例，这些社团至少都建设了三年，近年来，他们多次外出参加地方或企业的重大活动，受到了一致好评，与社会及企业的联系也由旁观者的身份转变成协同者的身份，得以密切接触当下的社会与企业实际，可以说提前接触了社会。以“微光剧社”“东篱诗社”“涂鸦文社”等这些新生学生社团为例，这些社团虽然成立还不到一年，但是在文化的内熏外染上，却收到了意想不到的成效。其中的“东篱”诗社，定期在校内外开展文学欣赏活动，将古典诗意弥漫于整个社团活动中，用人文与审美搭建起自己探寻与审视世界的桥梁，用心生活，用心发现，用心热爱。其中的“微光”剧社，一年中已经排演了两场“向经典致敬”的经典话剧折本，分别是《威尼斯商人》和《雷雨》。其中的“涂鸦”文社，倡导原创作品，在江苏省“苏教国际杯”高中生现场作文大赛中，连续两年荣获一等奖。社团成员在《海门日报·教育周刊》发表作品20多篇。学生以社团为平台，通过多种方式进行综合实践活动，人文素养与职业素养都得到了有效提高。例如，“好作业”汇编、学生社团展演、校园艺术节汇演、各级各类大赛，凡此种种，都是学生用所学语文，顺利解决各类生活实际问题，展现汉字魅力的真实记录。

在不断实验与探索中，原味语文工作室，愈加明晰了未来的研究方向：对语文而言，只要仓颉的灵感不灭，美丽的中文不老，人

文情怀那磁石一般的向心力必然长在。

二、沂水春风

在美国，有著名的"常青藤联盟"，一般指 8 所名校（哈佛、普林斯顿、耶鲁、麻省理工等），特色就在于规模很小，主要通过师生之间面对面地互动来授课，以耶鲁为例，其 5000 多名学生分属于 12 所寄宿学院，每所寄宿学院大概 400 人左右。这种寄宿学院是封闭式建筑，出入需要证件。院长、教授及其家庭，也在学院里居住。师生朝夕相处，到处都能碰到熟悉的师友，大家坐而论道，课内课外的界限消失了，学习成了全天候的活动。

这种教育方式沿袭于古希腊的苏格拉底。但实际上，与苏格拉底同一时期，中国也有类似的不分场地、不分场合、以天为幕、以地为席的"课堂"，那就是孔子与他的弟子的课堂。"弟子三千，身通六艺者七十有二"。

孔子游乎缁帏之林，休坐乎杏坛之上，弟子读书，孔子弦歌鼓琴。

——这是多么令人心仪的场景啊。大袖飘飘，弦歌不绝；听弟子琅琅书声，看天上荒荒浮云——这是公元前 514 年至公元前 500 年这十四年间孔子的生活，它成了一个民族永恒的浪漫。

著名的"沂水春风"，那天的天气很好，孔子跟他的四位弟子（子路、冉有、公西华、曾皙）围坐而谈，孔子说，今天我们开卷考试，不发卷子，大家口述，成绩至少给"良"，你们放心大胆地说。弟子们聊的主题是"个人志向"，子路同学第一个举手发言，说要将一个中等国家治理得兵强马壮，令任何人不可小觑。冉有同学则表示想把一个小国治理得富得流油。公西华的志向最小，他说想做一个小国的外交部部长。聊了一气之后，轮到曾皙，他彬彬有礼停琴起立回答问题，说想跟一帮子老中青集体出游。弟子们说完了。孔子说，不错真不错，尤其是曾皙，简直戳中了我的心事。大家刚才踊跃发言，每个人都有目标有追求，成绩和评语我单独给你们，不排名，更不告知家长。

大家喜欢这样的课堂吗？孔子的弟子畅所欲言，老师从来不会干涉你的想法。

亚里士多德是老师，也是学生，他师从柏拉图，就一直在柏拉图学院待到老师柏拉图去世，整整二十余年。孔子的弟子一直追随孔子，东奔西走，吃各种闭门羹，不离不弃。

或许，这就是古往今来，师与生所共同追求的课堂，不仅追求获得肉眼可见的常识，建立完整的体系的思维模式，更求索或领悟人生之道。

（一）严慈相济，亲密有度

所谓亲其师信其道，这里的"亲"建立在"敬"和"尊"之上，喜爱一个老师，颜值、风度、幽默、亲切，都是理由，但最根本的理由是什么？是老师的学识与品格。

就说孔子与子路，两人初相识的时候，子路还对孔子拳脚相向，然而，当他体悟到老师的博学和对他的循循善诱之后，毅然辞去行政长官的职务，放弃优厚的待遇，追随孔子离开鲁国，风尘仆仆周游列国，成为孔子最信赖的学生之一。

孔子在理想抛锚、情绪低落时曾经发牢骚："道不行，乘桴游于海，从我者，其由与？"孔子没有说从我者颜回，也没有说从我者子贡，足见他对子路同学的倚重和信任。

再说孔子与宰予。宰予在《论语》里，每一次出场都是以发言提问始，以被孔子批评斥责终。然而，这反过来也证明孔子对宰予始终寄予厚望。宰予同学后来是"孔门十哲"之一，晚年孔子回忆起亲密的弟子，"从我于陈蔡者，皆不及门也"，脑海里头几个想到的，就有宰予。

一个"懂"字，才是正确打开师生"亲密无间"的方式，理解和信任，才有师生的默契和谐。

（二）相互影响，彼此成就

亚里士多德与他的老师，与他的学生，谈的是形而上的"哲学"，思考的是人类的"困惑"。

孔门弟子们的志向呢？是家国天下的大计，而不是谋生的算计，更没有功名富贵的小算盘。以曾晳的理想为例，是太平盛世，国泰民安，老百姓的小日子过得有滋有味，还有情有调。

豆瓣9.3分的央视五集纪录片《西南联大》再现了那段珍贵的历史剪影。清华、北大、南开，三所大学于战乱年代，薪火相传，联手缔造了一个"战争沙漠"的"文明绿洲"。

它在短短8年时间内（1937年11月1日—1946年7月31日），只有3343名毕业生，但里面却包括2位诺贝尔奖获得者（杨振宁和李政道）、5位国家最高科学技术奖获得者、8位两弹一星功勋奖章获得者，以及174位两院院士。

　　大家比较熟悉的朱自清、闻一多、胡适、钱钟书、金岳霖、汪曾祺……都在那里，有的当老师，有的当学生。"朗读者"节目圈粉无数的许渊冲和杨振宁，大一的时候坐在同一间教室。96 岁的老人许渊冲，英语、汉语和法语互翻无阻。抛却他的满腹学识不说，最令人震惊的，是他在 96 岁的高龄，竟然还能保持如此丰富的情绪、如此蓬勃的自信和如此坚定的信念，还能拥有热泪纵横的情感。人活到 96 岁，该听的该看的该经历的应该都经历了，但是先生依然有一颗柔软的内心，他在节目现场随口吟出十八岁时译的一首小诗：

别丢掉——林徽因

Don't Cast Away——许渊冲（译）别丢掉

别丢掉

Don't cast away

这一把过往的热情

This handful of passion of a bygone day

现在流水似的

Which flows like running water soft and light

轻轻 在幽冷的山泉底

Beneath the cool and tranquil fountain

在黑夜，在松林

At dead of night In pine – clad mountain

叹息似的渺茫

As vague as sighs

你仍要保存着那真！

But you should ever be true!

一样是明月

The moon is still so bright

一样是隔山灯火

Beyond the hills the lamps shed the same light

满天的星，只有人不见

The sky besprinkled with starupon stars，But I do not know where

you are

梦似的挂起

It seems you hang above like dreams

你向黑夜要回

You ask the dark night to give back your word

那一句话——你仍得相信

But its echo is heard

山谷中留着

And buried though unseen

有那回音！

Deep，deep in the ravine

　　西南联大的学生，不仅有一种悲悯的公知自觉，更有骨子里传承下来的传统气节。无论师与生，不仅才华满腹，更有强健的心灵和品格。就是这样一群师生，生活常态是"跑警报"，电影《无问西东》里有一个镜头：静坐听雨（老师原型是经济系教授陈岱孙），时光流转，这种情形是不是很熟悉？两千年过去，"沂水春风"的风貌犹存。

（三）洞察入微，坦诚相对

身为学生，会更愿意听到有人一语中的地说出自己身上存在的问题。孔子给颜回同学的评语："贤哉！回也！一箪食，一瓢饮，在陋巷，人不堪其忧，回也不改其乐。贤哉！回也！"这条评语如果和"该生勤勉踏实，认真负责，希望百尺竿头更进一步"相比，是不是更温暖更有个性呢？

师生对话，学生可以向老师提出不同意见甚至批评，老师也敢于在学生面前暴露自己的短板。并且，以相互问询的方式，将问题的层次不断深入。香港岭南大学的入学考试有一题是"谈谈你的理想和兴趣"，并且要求"就一个点来谈，不要面面俱到"。在放松的聊天状态下，一个人的思想与品行会清晰地展露出来。

黑塞有篇文章，叫《获得教养的途径》，意思是说，你要理解经典，就要具备一定的自身素养，也即审美"水平线"，那么，以此类推，想要追求"理想课堂"，是不是需要老师与学生一起发力，合力推进，才能实现融洽和谐的课堂呢？好的师生关系是双方一起发力，合力推进；好的课堂是同学们畅所欲言，理直气壮地发问。

具备了以上三点，课堂会变得有趣、有味、有情。映照学生的本真，涵养学生的生命，张扬学生的个性。

未来社会侧重要求六种能力的培养，分别是品格力，学生胜出的关键；语言力，移动沟通的关键；思考力，启动学习的关键；表达力，思维展现的关键；关怀力，人际连接的关键；创造力，变通创新的关键。这六种能力，在"沂水春风"里都已经有所涉及。追古思今，不禁发出这样的感慨：当下的师生关系该如何优化调整？

中西也好，古今也好，任何一种师生关系，老师不仅是"守护者""燃灯者"，更是教育过程中的始终坚定的心无旁骛的"定海神针"。

当孔子与他的弟子周游列国的时候，他自己驾车。弟子在车上或疲惫假寐或心事重重，一脸迷惘与怀疑的时候，只有孔子永远目光炯炯，自信目标就在前方。

三、神聚

日复一日的课堂教学，永远是师生的主要任务，也是学校持续发展的主旋律。课堂教学的模式千变万化，其要核是"万变不离其宗"，始终落在"学"上。在教学中成功引导学生建立一套个体学习体系，将会对他们的一生产生不可估量的影响。

笔者在江苏省职业教育教学改革研究课题——《"诗意教育"下中职语文教学的"软化研究"》的研究中，重点从课堂教学的角度切入，希冀回归教学本真，呈现课堂生命的质感与人文的敏感，并以"原味语文"名师工作室为平台，展开了中职语文教学的系列研究。

在推行"原味课堂"的过程中，发现教学过程中"小组合作学习"环节的若干问题。最大的问题在"小组讨论"，以最常见的四人小组为例，为什么课堂上的小组学习任务由点切入，再连点成面的亮点未能凸显？为什么独立思考有时会比小组讨论更有成效？这恐怕与时下的"小组合作热"有很大的关系。

语文学科的教育教学最忌讳"一窝蜂""一刀切"，也不可能"copy 不走样"，如果一味借鉴而不知变化，常常会徒有其形，"内里走样"。事实上，如果没有精心的教学安排，没有科学的小组划分，没有适宜的明确任务，没有研讨的养成氛围，小组合作可能会令严密的课堂出现"空洞"。另外，也要思考是否需要开展小组讨论这一环节？点名回答或者可以成为一种讨论，"讨论"源自个体思维本身的差异，激发的是个体新生的思维，这样的课堂"对话"才有意义。切忌让"讨论"成为一种表象，而扼杀了学生思考的力量。

在课堂教学中，小组合作学习如何做到"神聚"？或许依然应该在"学"上做文章。南通提出的课堂方略——限时讲授、合作学习、踊跃展示，实际上是课堂教学的一种弹性体现，更是从群学到个学再到互学的一种循序渐进的学习体系，不仅留给学生更大的展示空间，更激发学生更多的学习潜力。

（一）将小组合作学习设计成课堂教学"超链接"的"弹性环节"

为了避免小组合作学习停留在形式上，没有形成真正意义上的探讨，可以在小组讨论的时候，视课堂教学的实际情况，可用，可不用；可放，亦可收。也就是说，当用则用，见好就收，确实需要讨论才安排讨论，教师准确把握讨论节点，要懂得"戛然而止""余音袅袅"，课堂上适当"留白"，小组讨论时，不必把问题限定在一个既定的区域内，可以延伸到课外，进行"二次讨论"。

这样一来，使得小组合作学习的空间和时间都有了自由度，许多看似"悬而未决"的问题，都可以迸发出意想不到的智慧火花，更可以锤炼学生的人际交往能力与团队协作能力。

（二）将小组合作学习设计成课堂教学"接地气"的"实用环节"

为了避免小组合作学习局限于固定模式，小组内的发言人永远是"A"，躲在角落里的永远是"C"，就要让个人的学习行为与集体的学习行为融为一体，不强调互相说，而是突出相互之间的倾听，建立一种新型的、民主的、合作的关系。擅长语言表达的，着重培养他们的思维缜密度；擅长分析问题的，着重培养他们的语言表达能力；擅长借鉴的，着重培养他们的独立思考能力；擅长坚持的，着重培养他们的求同存异能力。这种关系建立起来了，共同学习才有意义。

这样一来，使得小组合作学习的凝聚力和创造力都得到了长足的发展，每位成员既可以展现自己的优势，更可以学会欣赏别人的优势，进而寻求"更好"的答案，提升个体的战斗力，学习如何自信，如何说服，如何分享，如何坚持。也因此，学生将从"竞争"的学习怪圈中摆脱出来，达到彼此欣赏、互相学习的愉悦状态。

（三）将小组合作学习设计成课堂教学"蕴人文"的"软化环节"

为了避免小组合作学习陷入"主体性"神话，一切的学习任务都是为了学生主体学习，就要彻底打破主体性的束缚，每个成员都可以坦诚面对自己的不足，进而进行有针对性的弥补，每个人的存在也能够得到大家自觉尊重，得到团队的承认。

这样一来，课堂上师生关系、生生关系自然而然变成一种安心的、舒适的、信赖的师生关系与生生关系，摒弃凡提问必有答案、凡讨论必有结论、凡发言必有高下的定向思维，在心灵的"软化"

中实现思想的"人性"。

　　带着这些思考，笔者近日在"原味课堂"展示活动中执教了一堂《想北平》，尝试以"对话"的形式贯穿整节课堂，学生与教学本身对话，与自己对话，与同伴对话，学习聆听，学习互学。课堂上，"多元对话"开闸，学生互动"一发而不可收"。学生完全进入设定情境，我以"提问""追问""再追问"的层层"催逼"，助力学生逐一破解问题链，学生的小组讨论灵感迭出，"语出惊人"。整个课堂看似平静但其实有"湍流"行走在内部，不再追求表面的热闹，转而追求内在的神聚。这也是"原味语文"名师工作室的宣言：让我们的课堂有味，回归学生本色的纯真；让我们的课堂有情，滋养学生蓬勃的生命；让我们的课堂有趣，焕发学生张扬的个性。摒弃表面的虚华，追求语文真正本味：自然、含蓄、深沉，"平平淡淡才是真"。返璞归真的课堂，淡而有深味，打造学习共同体的小组合作学习，令每个学生的差异都得到关注，令每个学生都有自己的"闪亮登场"，令每个学生都学会在倾听中成长。这节课所展现的正是学生们的悉心体味、深沉思考、真切讨论、诚恳表达和彼此认同。

　　在课堂教学的各种"声音"里，小组合作学习一直是一个"热词"，然而，只有苦心经营这一"学习圈"，才能顺利建立课堂教学的"学习塔"。

　　四、呵护灵性

　　语文教学其实一直有一个核心理念：以语文学科所特有的承载民族文化基因的语言文字来启迪学生的灵性。灵性之所以需要启迪，源于灵性是内隐的、稳固的品质，不是技能、技巧。启迪灵性离不开诗性，离不开诗意教育和传统内涵的诗歌教学。

就中职语文学科而言，近几年来，国内关于诗意教育的研究是伴随着语文新课标不断展开的，大多把语文学习放在一个宏观的文化视野下进行，旨在提高学生的整体语文素养，于是诗意教育的研究便成为语文课程改革的一个重要窗口。近年来，一些有识之士从新课程理念出发，积极探索诗意教育的内涵，形成了许多宝贵的经验，但研究的落脚点更多地往往从教师自身的视界出发寻求课程理念的转化，还没有能够形成诗意教育、传统诗歌教学之于语文教学实践的有效策略。

而中职这一领域更是薄弱，没有丰厚的土壤，更缺乏系统的研究。基于此，笔者在多年中职语文一线教学的过程中，逐渐形成了"诗语文"的教育教学理念，并以当下热门的"名师工作室"运转模式来推行该教育理念。所谓"诗语文"，其实有两重含义：一是以"诗意教育""亮化"中职学生的"生命内核"，二是以"传统诗歌教学""软化"中职学生的"心灵硬度"。"诗语文"，旨在对中职学生实施"等待教育"，点燃中职学生内心潜藏已久的灵性，培养他们的文化传承自觉、悲悯情怀和良性公知。以"诗意教育""诗歌软化"来蓄积教育中的"鲜活"经验，衍生出一种新型的语文教育教学流派，锻造出灵性的中职学生。

之所以选择"诗语文"教育教学模式，既是向中国传统文化致敬，更是结合当下中职学生的精神荒芜现象，来进行一场"回归"与"萌芽"。

国内关于诗意教育的研究一般以普通中学为主要阵地，研究涉及美育策略，古典诗歌与现代诗比较研究、审美研究、鉴赏研究、人文精神的传递等方面，目前该课题的研究专家有冯铁山教授，一线研究者则有叶才生、葛红兵等中学教师，中职目前还没有能够形成"诗意教育"语文教学实践的普及性与系统性。这首先是因为中职语文教育自身有两大特殊性：一是中职学生的特殊性，长期陷入教育关注的"荒芜区"和文化渗透的"边缘区"。二是中职语文教育本身的特殊性，过于趋向工具性，从而忽略了人文性。这两种特殊性使得中职"诗意教育"几乎成了一片荒漠。

从语文学科的特质来说，"诗语文"教育教学，着重探讨"诗意教育"对提高中职学生生存品质的重要意义，力图以"诗意教育"亮化"生命内核"。"诗意教育"强调以诗意的方式来解决教育中的问题，是作为一种弥补理性教育不足的模式而适时提出来的。所谓"诗意教育"，就是以使教育焕发诗意魅力为出发点，以提升学生道德境界为价值取向，充分尊重学生的主体地位，将诗意教育与理性教育融成一体，让学生在诗意文化的熏陶下，学会用诗意的眼光审视生活，从而自健其德。

从传统诗歌教学来说。孔子曾提出"兴于诗、立于礼、成于乐"强调了诗歌在修身成人过程中的重要作用。二三千年以来，中国诗教传统绵延不绝。传统诗歌浸润了一代又一代的中国人。一部中国文学史很大部分是一部诗歌史，从最早的"断竹、续竹、飞土、逐肉"，到《诗经》《离骚》，到汉赋、唐诗、宋词、元曲，其中的精品灿若星汉，数不胜数。

　　当前社会正面临价值重构，各种矛盾突出，阶层对立、贫富分化、信仰危机、生存压力等无不困扰于心，人们内心充满了焦灼、迷惘的情绪，中职学生受社会影响，看到人性恶的一面比较多，因而有些浮躁，急功近利，暴躁易怒。中国传统诗歌多是诗人内心情感的真挚写照，几乎包含了人类一切积极的情感。有思乡念国之情，有忠贞不渝之爱，有鄙视权贵的桀骜，有洁身自好的矜持，有纯真的友谊，有坚贞的信念，凡此种种，不胜枚举。中职学生的心灵需要诗歌的滋养，才不会枯竭。

　　"诗语文"教育教学，着重探讨"传统诗歌教学"的"软化"功效，以"软化"中职学生的"心灵硬度"为要义，令学生从传统诗歌中汲取到足够的养分和力量，来净化心灵。一旦他们的性灵回归诗意，心灵柔软而坚韧，就会变得足够强大，可以面对人生的风风雨雨，保持内心的安宁，保持高洁的情操，体悟人生被忽略的生命之美。对于他们的人生而言，也许这就是那抹最艳丽的阳光，能够照进最深的湖底，帮助他们跨越失意和委顿，到达幸福的彼岸。

　　如果要成功抵达"诗语文"的理想境界，首先必须实现教师的"诗化"。

　　"诗语文"教育首先需要教师的"诗化"，拓展职业空间、提升教育教学境界，逐步成长为追求"三化"的中职语文教育教学行家。一是"专业化"，闻道有先后，术业有专攻，成为语文教学的"标新立异者"；二是"灵性化"，启迪学生灵性，必须教师自身也同样具备灵性，成为始终坚守心灵"桃花源"的"文化传承者"；三是"无限化"，一名优秀教师的发展是无可限量的，要相信自己的生命力与爆发力，成为教育教学之路上的"潜行者"，具备以下能力：

具有厚实的中外综合文化素养。具有语文教师所特有的敏感、细腻、真诚、雅致等特点以及敬畏、崇仰、信赖等情怀。

具有个性鲜明的教学能力。形成独到的中职语文教学策略和方法，具有全情投入的创新能力。能根据教育对象的特点，分析和研究一定的教育的规律，创造性地解决语文教育教学实践中的问题，努力形成教育教学的特色和风格。

具有敏锐发现的反思能力。能够根据教育教学过程中生成的问题，通过行动—反思—研究—实践等方式，培养系统地分析与反思能力，努力提高捕捉问题、系统分析、自觉反思与深入研究能力。

具有精诚合作的研修能力。结合教师专业发展的需求，自觉开展网络环境下教师博客的合作研修活动，博采众长，提速专业成长。能够在教育教学中，实现信息技术与课程的有机整合，优化教育教学过程，提高教育教学实效。

具有扎实厚积的教科研究能力。能够结合教育教学实践工作，开展教育科学课题研究，形成"诗语文流派"中的一支不可或缺的支脉，在教科研上拥有自己的成果。

以上能力的发展与提升，将取决于职教文化课教师的主战场——课堂。俗话说，"将帅源于疆场，名师出自课堂"。"诗语文"教育者在一线课堂教育教学研究的主要方向应该是打造诗意课堂、点亮个性师生、燃烧人文火焰。以课堂为源头，以"诗意教育"捕捉学生心灵与人生的纯粹与精髓，以"传统诗歌软化教学"营造学生人文与传统的素养与精华。

这里的"软化"有特殊含义，专指通过"诗意教育"使中职语文教育教学完成润泽生命、完善人格、提升道德的人文活动。"诗意教育"教化若水，水利万物而不争，善凝聚而不散，善包容而不骄，善克难而不懈。最终提供机会，学生自主自发尚真求美地生活，向善执着地尝试，充满敬畏地探索，满怀诗意地期待。

在中国传统文化教育中，很多语文教师多着力于阐释传统诗歌的诗意鉴赏，诗境的体悟。可是，学生的阅历与生活习惯，导致他们很难体会到中国传统诗歌的美妙之处。因而对中职学生而言，"诗语文"教育者不必急于传授诗歌字义、内蕴的理解，在初步疏通文义以后，可以重点转入诵读指导。涵泳沉浸，或轻吟低咏，或慷慨激昂，或舒缓悠长，让学生自己体会何种感情更适合所诵诗歌。传统诗歌之美，很大部分源自音韵之美，师者只要营造一方诗意的乐土，中职学生可以萌生出无数属于他们自己的清新心灵之声。在"诗语文"的教育教学中，教育者更应重视生命的高度与心灵的纯度，把汉语文字作为一种思想与文化的载体，承载深厚的底蕴与无限的未来，进而转化为一种思想的力量和品德的基石，滋养出中职学生身上的"人性"和"诗性"。

其次，必须不断深入进行"诗语文"教育教学研究。大胆尝试，侧重从以下几个方面入手。

首先是研究教材。研究中职学生诗歌学习现状，组建"诗语文"工作室，组成攻关团队，致力于编写"诗语文"校本课程，大体分为三个系列：《沉醉经典》《吾荐吾爱》《源自民间》，并且邀请省内知名专家给予指导，不断完善，在全市推广使用。

再次是研究教学。结合职业学校学生心理健康建设，推行"诗意疗法""诗歌软化"，从传统诗歌延伸到经典美文，从经典美文延伸到美好生活，"润化"中职语文教学，"亮化"中职学生的生命内核，持续推出经典课例、精致课堂、完美学生。

然后是研究学生。以"诗意教育"为核心理念，以"诗歌软化"为常态教学，形成系统的"诗语文"教育教学理念，探索"诗意教育"与传统教育的契合点与突破口，探究"诗歌软化"的实践性与可行性，促使语文教育回归为一种民主的对话，思想的碰撞，形成一种生与师、生与生、生与文本、生与人生的至真至善至美的心灵沟通，始终洋溢诗意的灵魂交汇。引导学生在"诗意教育""诗歌软化"中成功重塑自己的人生观与价值观，形成相对成熟的思想个体，未来步入社会，不仅能"无虑生存"，更能"精致生活"。

还要研究社团。结合本市学生社团建设，组建全新的"诗语文"若干社团（诗社、话剧社、新闻社、文学社等），将语文课堂教学与课外拓展教学互促互进，令语文大课堂成为智慧的课堂、生命的课堂、理想的课堂。

综上，才能真正进入中职语文教育教学流派研究。基于学校的"诗语文"教育教学实践，形成以"专业引领、实践探索、共同发展"为宗旨，以"诗语文"为教育教学流派，以"诗意教育"为核心，以"诗歌软化"课堂教学为主源，融学术性、思想性、艺术性、生活性于一体的中职语文教育发展共同体。

最后，必须始终瞭望"诗语文"教育教学研究的远方。

"诗语文"作为中职语文教育教学的一条支脉，它势必伴随着中职语文教育教学自身的发展而发展。诗人荷尔德林说过，"人，诗意地栖居"。诗意本质上是心灵的自由，是生命的舒展，而"诗语文"教育教学就是用心灵引导心灵，用生命润泽生命。师者面对学生，首要的是提供给他一个文明开放的视野，让他们看到世界有多大，有多美，古往今来国人走过了一条条怎样的道路，进而认识所在的世界，所处的社会，理解周遭的人类，塑造完整的自我。

事实上，"诗语文"教育，绝非一朝一夕之事，亦非立竿见影之事，而是一条漫长而又盘绕的永恒之路。它是一个开放的过程，永远不会有结果，永远面朝未来，不会终结。"诗语文"教育追求的不是顷刻的成功，而是缓慢的美好。"慢"是一个过程，是对独立的一种肯定；"慢"是一种姿态，是对生命的一种尊重。"诗语文"教育倡导的是"等待教育""陪伴教育""欣赏教育"，是等待学生姗姗而来，成长为栖居在诗意教育上一株积极思考的"芦苇"，是陪伴学生终于学会发现真实的自我，是欣赏学生最终成为那个最好的自己。

"诗语文"教育就是一条神秘的线索，这条神秘的线索就像天罗地网一样掩埋在中职学生的生命深处，缓缓点燃他的人生，点燃他的心灵，等到有一天，成为某种他生命中内在的东西，从而转化为一生的源源不竭的活力与动力，形成个体独特的秉性、气质、精神。

五、文化互融

近年来，职业学校校企合作的话题喧嚣一时，几乎形成了一个定论，那就是企业文化如何巧妙移植或嫁接于职业学校校园文化，却很少有人提及职业学校文化对企业文化产生的良性促动。为了了解学校文化与企业文化目前的融合态势，笔者对所在地的86家地方企业以及12所主体职业学校分别进行了实地调查，并在互联网上有选择地对苏南地区的工业园区与职业学校主页进行访问，把相关信息进行比照，形成参考，收集整理了一部分精良的学校文化和企业文化素材，进行了分析，对两种文化目前的融合态势与未来的共同发展形成以下印象。

（一）针对两种文化探究性研究的重要契机

1. 中职学校自身发展的需要

学校文化着眼于群体，关注着社会，追求群体的和谐。这是东方文化精奥之所在，也是众多职业学校的共同文化追求，更是语文学科的一个恒久人文主题。在当下职业教育的"暖春时代"，职业学校的文化建设究竟将如何发展与推动？成了一个迫切需要解决的问题。从调查所得的数据来看，其中30％的职业学校将校企合作伙伴的文化印记带进了校园，丰富了学校文化。其中20％的职业学校则看不到任何企业文化的影子，甚至分辨不出这是一所职业教育学校还是一所普通教育学校。"国家中等职业教育改革发展示范学校"项目启动，是职业学校深入发展的一个契机，如何进行职业学校文化与企业文化的双向建设成了职业学校共同思考的一个难题。

2. 中职学校文化课程发展的需要

自江苏省职业学校文化课新教材推行以来，虽然也有一些质疑的声音，但是整体而言，是一次语文思维的变革，少了一点政治味，多了一点生活味。以语文学科为例，与老教材相比，新教材更侧重学生职业素养的培养，其中语文综合实践活动的版块，与企业文化紧密相连，包括职场人物访谈、产品推介、创业策划、职业生涯规划等多元复合型语文实践。这也促使全体职业教育语文教师得以从一个全新的研究视角来重新审视学校文化与企业文化这两种文化的融合与碰撞。

（二）针对两种文化进行探究性研究的潜在价值

1. 理论价值

从文化的东西方差别而言，西方传统文化历来注重个性的发展，而东方传统文化则一向注重群体精神的养成，就像很多欧洲人一般不知加班为何物，而日韩企业里的员工把加班视为理所应当的事。不可否认，企业文化，是中国社会当前一种相对纯熟而精致的文化结构，是企业家秉承的价值观，是员工们回肠的精气神，是团队中自华的凝聚力。在光怪陆离的大千世界，企业文化处处闪耀出超人的睿智、理性的光辉。文化是跨行业、跨国界的流转、渗透与借鉴，如果职业学校的学生能在求学阶段就适应企业氛围，融入企业文化，无疑会对他们将来的就业与职业生涯的长远规划产生良性的促动。

2. 实践价值

首先，对职业学校学生的个体发展有利。职业学校文化建设说到底是培养未来的"社会人"。其中的一些共性是恒久不变的。如今的 90 后，普遍缺乏的正是信仰的纯度与高度、人文的深度与广度。职业学校文化建设，旨在通过各种教育活动，令中国传统文化以及世界人类优秀文化的精神内核转化为大多数学生的人格、气质和修养，从而令学生成为学校文化建设中的生命流动元素。而职业学校文化建设里的核心——"人性"与"品质"便会成为全体学生今后坚守的共同底线。

其次，对职业学校文化建设的延伸发展有利。文化是相通的，企业文化对职业学校文化具有一定的影响力。一直以来，包括比尔·盖茨在内，任何一家企业都处在一种残酷竞争的境地中。一所企业想要存活、发展、壮大，就必须不断创新，不断超越。从这个角度来讲，正是因为企业必须不断产生新的思想，不断追求更高更新的境界，所以它一定会成为不断创造出先进文化的地方。许多优秀的大型企业，无一不是"顺势、明道、优术"的典范。既能看到优秀的中国文化传统的影子，又能看到新鲜的世界企业文化的痕迹，因而，许多优秀的大型企业是当代中国文化建设最为先进、发展最为完备的地方。这种优秀的企业文化势必会对职业学校文化产生卓越的影响。

再次，对校企文化互动互通、良性互渗有利。在一所职业学校，学校文化的生命力旺盛与否体现在它与企业文化是否"情投意合"，是否可以进行实质性的转化。与此同时，学校也有责任创造出先进的文化去影响企业文化，因为某些深入骨髓的文化因素正是在学校教育中逐渐形成的，尤其是人文精神，它可以涵盖学生的一生。如果一个拥有优秀学校文化教导和熏染的学生，他来到企业也会将这种优秀精神在企业里辐射开来，产生更为深远的意义。

（三）针对两种文化进行探究性研究的概念深化

从本质上而言，职业学校文化与企业文化都是从属于社会主流文化的一种亚文化，它们都不能凌驾于主流文化之上，而必然受着主流文化的荫庇或者俯视。然而它们又都是鲜活的文化个体，两者之间具有明显的差异性，职业学校文化本质上是"精神"的文化，它是为了缔造一个个具有丰富生命力的"人"，它的"人性化"是为了学生更好地成长。而企业文化本质上是一种"物质"的文化、用坚守责任与文化传承来创造可观的效益，它的"人性化"是为了企业更好的发展。校企文化虽有差异，但两者也有共同之处，"人性化"就是两者相同的频率，其中的精神内涵是学校文化和企业文化的共同核心。

（四）针对两种文化进行探究性研究的深厚土壤

1. 东西方职业教育不同的国情

在职业教育的发展过程中，很多国家都成功探索出了校企文化深度融合的发展之路，然而不同的国家，由于经济发展的不同，教育理念的不同，其职业教育模式也有所不同。如德国的职业教育模式培养"匠式"技术人员，美国的职业教育则更侧重学生的创造力培养，而在中国苏南地区，企业教育与职业学校教育已经联合起来，学生在学校里，以准职业人的身份，接受了一系列企业文化的教育，但这些职业学校文化并不是完全克隆企业文化的产物，而是有选择地吸收了企业文化的精髓，再灌输到学校文化建设中去。尤其需要指出，当前中国职业教育，脱离不了中国教育的大环境，传统教育的影响已经浸渗良久，职业学校文化中"敬业乐业"的思想成了主流思想。因此，中国的职业教育应依据各地的实际情况，汲取其他国家的长处，创造出自己的特色，不能故步自封，裹足不前。

2. 职业学校文化独有的生命力

首先，职业学校文化是一个多层面，广内涵的复合体，是学校群体精神生活的总汇，作为"母校情结"文化中的一支，它以独特的导向、教育、凝聚、辐射等功能，深深地影响着学生未来的就业与创业，也深深地影响着学校的发展与未来。文化是无形的，也是脆弱的，它可以蔓延，也可以割裂，如果职业教育只是满足于培养职业人的话，未免有些狭窄，而职业学校文化也就会局限于趋利的一面，而忽略了文化真正的生命力。所以，在一味呼唤企业文化进驻校园的同时，职业学校文化自身的发展其实更为重要，再优秀的企业文化也不能"空降"到校园，两种文化之间必然有一个互融与排斥并行的过程，这种"手术"对学校文化和企业文化来说都是必不可少的，这里有一条界线，那就是互为影响彼此相促然而都保持彼此的文化个性。

其次，由于职业学校所拥有的群体、共同的文化意识与普通学校存在明显差异，必然不会与普通学校的文化重复，而是会在学校文化建设方面呈现一定的特色，这种职业学校文化的特色，最鲜明的一点就是它的生命力。这种生命力既体现在学校本身的成长空间上，也体现在它对于外来文化的兼容并收上。也就是说，职业学校文化并没有固定的模式与套路，而是在不断发展过程中逐渐形成越来越成熟的文化体系，它的时代感更强，也更容易被塑造。

3. 职业学校文化不同的发展轨道

纵观当下，即便苏南地区的职业学校文化相对比较成熟，但当前的职业学校文化建设也还处在学校个体的摸索阶段，尚未形成完善的研究体系，也尚未形成鲜明的职教特色，更尚未形成独特的个性文化。换句话说，过多地依赖于企业文化，很多时候会出现与企业文化"貌合神离"的情况。职业学校文化建设的学术氛围与实践氛围双双缺失，很多职业学校还没有把学校文化建设纳入学校建设和发展的主轨道，没有放在学校整体办学方向和培养目标的大背景下实施，仅仅把学校文化建设局限在学校管理的德育层面，没能焕发学校文化建设应有的连锁效应和辐射效应。

（五）针对两种文化进行探究性研究的主要内容

本项研究的主要目标是通过研究优秀企业文化及其核心理念，探索职业学校文化与优秀企业文化深度融合的思路与方法。跟踪调研本土一些成功企业的文化理念与内涵，以笔者所在学校为实验点，以苏南与苏北的职业学校文化差异为研究方向之一，探寻学校文化与优秀企业文化双向建设的有效途径，彰显鲜明而独特的中职学校文化。

1. 职业学校文化内涵研究

学校文化与企业文化融会贯通但是又保存个性，凝聚属于自己的精髓内涵，以笔者所在学校为例，学校文化既向中国传统儒家文化致敬，汲取张謇民族思想的厚重与淳朴；又与时代接轨，与未来衔接，寓意该校毕业的学子不仅要拥有过硬的"生存技艺"，更要拥有高品质的"生活艺术"，能够涵养丰盈的内心世界。

2. 校企文化互融研究

以苏南地区的职业学校为例，研究企业圈里的职业学校。从物质文化、制度文化、精神文化、课程文化等多个层面展开研究。不仅要培养校企两种文化里有生命力的"同"，如人文元素、价值取向、凝聚力；更要培养校企两种文化里有创造力的"异"，从而彰显独特而富有潜力的中职学校文化。要知道，不唯独企业文化可以引导和影响学校文化，学校文化一样可以熏陶甚至某些时刻起主导作用。

3. 职业学校文化持续发展研究

任何一所职业学校，应当首先坚持自身学校文化的优秀特质，将学校传统的精髓沿用到企业文化中，继续发扬光大。随后找寻学校文化与企业文化相通的精神世界中真正的不朽元素，人文基因。让学校文化真正"内化于心""外显于行"，成为企业文化中卓尔不群的个性风范。一所职业学校，只有建立了内在的思考体系、核心的价值取向、深厚的人文底蕴，才可以在各种文化中融会贯通，又不会迷失自我。

（1）坚守职业学校文化的自我个性

笔者认为，只有加强职业学校文化与优秀企业文化的深度融合，深刻领会优秀企业文化的核心理念，同时职业学校文化又坚守与创设自身独有的文化个性，才能令职业学校文化建设取得预期的成效。

（2）坚守职业学校文化的根基——"人性"

当今社会是一个喧嚣趋利、浮躁忙碌的时代，90 后接触最多的是快餐文化、网络文化、掌中文化，他们的阅读中充斥着幼稚的漫画、暴力的游戏、火星文字。这股风潮不可避免地潜入了职业学校的校园。职业学校的学生相对来说自我控制力较为薄弱，情绪容易陷入低潮，精神世界又多贫瘠，更容易受到社会不良习气的污染，因而对他们的教育更需要以人为本。建设显性的学校文化固然重要，然而营造隐性的学校文化更为重要。我们的愿望是营造独有的、可以代代传承的"学校精神"——自由、独立、坚韧、纯真。将来，从学校毕业的学生都会有鲜明的学校的烙印，不论学校名称如何变迁，不论学校校址如何变迁，在茫茫人海中，他们会留存母校精神的浸润，会带有母校独特的气息。学校旨在形成一种独具个人印记，别人无法复制、无法克隆的"学校文化"。

（3）坚守职业学校对企业文化的反作用力

作为未来的职业人，职校生迫切需要跟随学校文化，与企业文化早日接轨，迫切需要企业用刚性的管理和人性的关怀来对他们进行约束与引导。如此，在积聚了两种文化的职业学校，更有利于他们成为发展的"职业人"、有潜力的"工作人"、永不停止的"学习人"。将来无论在哪里，轰轰作响的车间，热火朝天的工地，寂静无声的实验室、寂静的写字楼，缤纷舞台的正中央……他们都有一个共同的名字"某某学校人"，将母校精神传递到四面八方，进而融合于各个不同的企业精神里，生根，发芽，茁壮。

六、内外兼修

江苏省职业教育"五课"教研"两课"评比，从比赛而言，已经光荣退出历史舞台，然而，这样大规模的复杂赛事，对职教教师来说，依然是一次席卷而来的冲击，一旦裹挟其中，很难全身而退。现在也有一些声音，质疑"两课"评比重说课轻上课，重教师轻课堂，重模式轻内容。然而，相对普通中学的教研，职业教育领域能成为某种体系、形成某种规范、催生某些优师的大型教研活动，绕不开也少不了曾经的"两课"评比。它和其他教学大赛一样，不仅追求教学技艺上的超前出新，更追求课程理念上的创新与突破。

以语文学科为例，叶圣陶时期，关键词是"语言"；钱理群时期，关键词是"文学"；当下，关键词是"课程"。与优质课评比不同，"两课"渗透的不再是单节课，而是一个单元或是一个模块，要求教者从课程整体的角度来审视自己的教学，形成前后贯通的教学体系，着眼于"大"字，落实于"合"字，让课堂既成为源头，又成为跳板。从这一点上来讲，"两课"刚刚开始。"两课"贯彻的正是时下较为热门的"大单元"教学理念，从模块延伸到课程，就如同从小令到套曲，更讲究起承转合，整体布局，推陈出新。所谓不破不立，摒弃了单课的小格局，营造的是承前启后的单元大格局。

基于此，比赛中我采用大单元整体设计，活动前后贯穿，训练层层递进的方法，确定学生"三悟"——读而悟品而悟练而悟；教师"三度"——投入互动广度、相机诱导深度、赏识激励适度；课堂"三跃"——文字到文学再到文化。整个单元教学构想以"情感"为底色，以"文化"为亮点，以"活动"为热点，以"评价"为特点，由课内延伸到课外，由单元辐射到课程，由学生当下的学习生涯影响到未来的职业生涯。具体而言，主要从以下几个方面进行了全新的思考与淬炼。

（一）教材构想

我省中职现用文化课教材有一个显著的变化，采用模块式结构。其中语文教材以文体组元，凸显人文主题，"文化"与"实践"的味道更浓。高一第二册第一单元《生活的滋味》"阅读与欣赏"版块4篇讲读课文，均为叙事类散文，其中《我的母亲》《多年父子成兄弟》记人，《化装舞会》《过去的年》记事，不管记人还是记事，作者都从我们习焉不察的生活碎片中提炼出深厚的情感、丰韵的内涵、独特的文化和个性的人物，让人难忘，令人深思。而这几部作品都是作者人到中年的回忆散文，更有相似的内核——"怀旧""童年""家园"。《我的母亲》通过淡似白描的勾勒，染出母子之情，绘出别样母亲；《多年父子成兄弟》以家常絮语，道出两代温馨父子情；《化装舞会》从孩童的视角，看见了两场人间的"化装舞会"；《过去的年》以文化记忆来浮现文化文本，以久远的心灵来领略久远的美好。从人文底色与情感基调的角度考虑，将《过去的年》前移，与前两篇课文可以一脉相承，用四个词来概括"美文、真情、妙法、文化"。

（二）学情构想

从中职学生的学习实践来看，他们对散文已有一定的鉴赏能力，然而大多学生能鉴赏散文的"美"，却未必能领略散文的"味"；他们已经学会相应的写作技巧，却还不能纯熟运用。因而本册本单元的4篇讲读课文正是极佳的鉴赏提升篇，值得教者用心放慢脚步，引领学生细品渐悟。另外，本单元的语文综合学习活动中的若干任务，也适宜将之挪到课文的讲授之中，这样将相关任务依次穿插，更能形成学生语文能力训练的系统性和连贯性，实现语文教学"文字—文学—文化"的境界飞跃。

从中职学生的生活实践来看，对于当今的90后，人格治愈、心灵净化、人文凸显成了语文教学的"密码"。因此，本单元除了设定两个固定环节，"每课一说"和"字词PK"之外，将专门设定一个特殊的课堂环节"语文剧场"，尝试采用体验式教育的方式，让学生在演绎他们熟悉的生活的过程中自主运用语文元素，多角度锤炼语文综合能力，并从中体会到人生的价值与趣味，生活的美好与崇高以及职业荣誉感和责任感。

（三）资源构想

关于课程资源整合，一直是职业教育文化课程的一个热门词，也是一个烫手山芋，这个度不太好把握，课程资源应以教材为核心，凸显知识性与实践性。在语文教学中，教者应结合学校资源和社会资源，对现有教材进行必要的调整、拓展、重组。拓展资源主要来源于丰富的网络资源和真实的社会资源。在整合网络资源的时候，大多教者首要选择音频、视频和大量的图片。关于多媒体辅助手段的利与弊，大家已经形成了一定的共识。我设想结合班级特点，师生共同建立课程—单元—课文三级网络资源包，学生自主选择。不过，在大量网络资源的轰炸下，现今的学生多数崇尚"有声阅读"，离纯粹的"纸质阅读"越来越远，因而在语文资源的整合中，绝不能忽视纯文本的相应比重，文字的力量其实远胜于音画。而社会资源的整合其实也包括两大方面，一是来自学校已成体系的校本资源，一是来自学生亲身实践的生活资源，前者可以机动调控，后者可以提炼归纳，依据教学的实际需求，与规定教材有机结合，互为映衬。

（四）课堂构想

语文课堂的精彩不是教师或个别学生的"个人秀"，而是师生的

"群秀"。如同罗丹对待他的雕塑一样，师者要多让聚光灯打在学生的身上。一堂能让学生光芒四射的课堂，一是活动的课堂，闪烁学生的急智；二是沉静的课堂，闪耀学生的思想；三是民主的课堂，在讨论中达成共识。本单元采用创设情境、任务驱动、小组合作、现场演示等方式，主要以专题活动的方式，展开小组合作探究，打造"生命课堂"，学生个体感悟，团队探究，从而自主领会作品所蕴含的深刻情感，自主赏析作品刻画人物和讲述故事的高超艺术手法，进而深深体味本单元几篇作品"绚烂之极归于平淡"的相似魅力。同时教师以"知人论世，原景再现""推敲字句，把握情感""纵横比较，深度探究""联系实际，剖析现实"等途径和方法，借助多媒体教学，创设情境，设疑点拨，拓展延伸；学生在课堂上涵泳静思、现身说法、合作探究，实现有所思、有所议、有所悟、有所撰。

1. 单元学习目标描述（知识与技能、过程与方法、情感态度与价值观）

（1）单元学习目标的设定依据

语文教学的三维目标"知识与技能、过程与方法、情感态度与价值观"实际上是三维一体，无法割裂的，然而在每一堂课上，又有所侧重，相对突出。其中，知识与技能是另外二维目标的前提，语文教学中的读句、读段、读篇是形成语文积累、素养及至整合能力的必要基础，如果只是象征性地安排一下来代替学生的全部阅读过程，让学生轻易就进入"情感环节"，情感目标不是建立在字里行间，不是渗透在以文本为依托的知识能力的训练中，不是体现在充分利用教材整合课程资源扩展学生的视野过程中，就会浮于表面，流于形式。而后二维目标的顺利实现又可以促进知识与技能的牢固性和灵活性，这主要建立在学生自主感悟、自发学习的基础上。因而在设定本单元整体学习目标的时候，我采用了梯度式融合性的模式。

（2）单元学习目标的具体描述

①赏析、学习本单元作品以细节凸显人物形象，以琐事蕴含深沉情怀的画人和述事的高超艺术手法。

②强化阅读中的个人情感体验，自主感悟文中的思想情感和艺术魅力，体会其丰富内涵，结合作品进行主题讨论，拓宽自己对亲情、社会、人生等问题的思考和认识。

③熟练运用口语交际中自我介绍的相关技巧，在小组合作探究的活动中以及体验式教育"语文剧场"的活动中巧妙运用多种语文能力，凸显语文元素。

④与校"能力拓展"课堂相结合，在班级诗社、剧社活动中自编自导自演、自评互评多评。

⑤进行团队协作，合力开展我的亲人们之"寻根"系列实践活动，回归家庭，认识到家庭在现代社会的价值，在实践中全面提升语文综合运用能力。

2. 单元学习内容与学习任务说明（学习内容的选择、学习课时的安排、学习重点及难点的分析、学习形式的确定、学习结果的描述）

（1）学习内容的选择："生活的滋味"单元共分为三个版块：阅读与欣赏、表达与交流、语文综合实践活动，其中，"阅读与欣赏"鉴赏美文、体悟情感、揣摩妙法;"表达与交流"学会不同类别的自我介绍,能将记叙与议论巧妙结合;"语文综合学习活动"运用多种语文能力,感受家庭的价值,体会亲情的可贵,辐射纯善的心灵,不断提升良性人际交往能力。

(2)学习课时的安排:依据学校及班级的实际情况,调整课时为6课时,其中《我的母亲》2课时,《多年父子成兄弟》2课时,《化装舞会》1课时,《过去的年》1课时。教学中以"阅读与欣赏"为主体,同时穿插口语交际与语文综合学习活动。一是因为新教材的讲读篇目明显增加,需要灵活调配,二是正好本单元与本校开展的"能力拓展课堂"相呼应,大作文的强化训练可以留在拓展课堂上与学生社团"海韵诗社"的活动相结合,延伸到课外与校外。

(3)学习重点及难点的分析:本单元的学习重点是学习作者画人和叙事的艺术手法。难点是从平淡朴素的语言中欣赏到背后的神韵,审视出深沉的情怀,进而由衷赞叹作者高妙的写作技巧,领悟人生和生活。因而课堂上主要采用细读深品、情感升华、多元活动、默契感悟、尝试说写的方式,学生自主体悟、思索实践,由此形成自觉的情感体验,显现一定的语言功底,运用相关的写作手法,写出真和美的叙事和议论结合类文章,成功展开良性的人际交往,与家人、朋友等无障碍沟通、交流,进而凝聚和辐射家族情感、社会情感和生活情感。

(4)学习形式的确定:紧扣住"美文、真情、妙法、文化"四个关键词,力图体现语文教学"文字—文学—文化"三重境界的教学理念:一是以学生发展为本;二是比结论更重要的是过程;三是把思考还给学生；四是实现"人"的教育，丰富个性。因而，与涵泳法、探究法、情景创设法、比较鉴赏法等主要教法相结合，学法相对集中地运用了静思法、讨论法、体验法、合作法。

（5）学习结果的描述：本单元作为《语文》基础模块·下册六个单元之首，无疑有着重要意义，一是回归朴实记叙，二是呈现思想上的梯度性，三是体现内在的人文神韵。本单元的学习，学生将积蓄足够的鉴赏能量和审美趣味，人文思想和大众关怀，语言技巧和写作素养，对后面几个单元的语文学习将起到夯实基础、触类旁通的效果。

（五）随堂反思

语文课堂其实有两个磁场，一个是显性的磁场，实践语文和应用语文的舞台；一个是隐性的磁场，流动着传统文化和人性之美的碎波。相较其他学科，语文的情感渗透和品质铸造的意义更大。这次中职语文新教材已经在思考如何突破，当然，我们职教的选文意识可能刚刚萌芽，然而从另一个意义上讲，它的选择更为宽广，更可以演绎"生活语文"和"语文生活"的真谛。当前职业教育存在着不少问题，最大的问题便是缺乏对学生精神层面的观照。教育要针对学生的实际情况进行调整，使90后学生对于"神圣感"具有共识，不可一味地膜拜"脱口秀"、沉浸于逗乐的手机短信和好玩的网络游戏，应具有悲悯之心。如何在课堂上巧妙宣泄消极情感，呼唤美好情感的回归，治愈人格，净化心灵，凸显人性是笔者课堂上的一个语文情结。

"两课"评比的意义在于给广大教师提供了一个重新审视课程、

审视教学的机会，将师者零星的火花淬炼成利刃，对课堂进行分解，重组，新建，发挥巨大的威力。本单元名为"生活的滋味"，可以说是一场温情的演绎、情感的升华、心灵的净化和传统文化的回归，因而授课中力图实现人文素养、审美情趣、个体品质的铸造提升和应用能力、交往能力、情感能力的培养提高"合二为一"。

据此，本单元的教学构想就以"情感"为底色，以"文化"为亮点，以"活动"为热点，以"评价"为特点。语文教学一方面应该继续发扬传统教法的优势，如涵泳法，沉浸于文本获取美感与情趣。另一方面应大胆采用新教法，侧重于学生的自主感悟。因而在单元教学中综合运用"三法"：一是讨论法，群策群力汇聚群智群采；二是情境创设法，都说"沧海横流方显英雄本色"，创设情境，学生可以真实体验，濡染熏陶，形成独特丰厚的情感体验，进而披文入情，由情顿悟，从悟提艺，因艺悟生；三是团队活动法，将主题活动的影响力由课内延伸到课外，由班级扩展到学校，由一个单元贯穿到整本教材，由目前的学习生涯蔓延至将来的职业生涯。

一个单元的创新式教学实践下来，取得了良好的教学效果，形成了一定的推广效应，回顾整个教学过程，有很多预设与生成相得益彰的欣喜，也有想象固然美好，实践却无情断裂的遗憾。具体总结下来，首先有以下几点主要的经验和体会。

1. 教学环节衔接巧妙，自然流畅。本单元在教学环节的设定上一是注重保留固定环节，形成强化训练的效应，如"字词PK"，坚持下去会有显见的成效。二是特别强调前后的衔接，许多地方不仅为下一教学环节，而且为后面的教学内容做好铺垫，整个单元的教学环节浑然一体，前后呼应。如每课的固定两分钟自我介绍，为后面"口语交际自我介绍"的表达交流教学环节提供了丰富素材，如《我的母亲》《多年父子成兄弟》两课导语的设计，延续涵盖前后两课，形成情绪上的连贯感悟，又如"语文剧场"课堂活动的设定，从第一课时伊始考虑到最后一课时，充分蓄势。单元前三篇课文的板书设计中，从"家训"到"家风"再到"家园"，内涵不断叠加。

2. 点拨机智准确，相机而教。在教学中，教者对学生即时生成进行有效的点拨，对课堂节奏"推波助澜"，对小组合作探究"伺机引爆"。如《我的母亲》中的惊天一问"为何胡适半点也不抱怨自己的母亲?"，《多年父子成兄弟》以"推理"的模式启发学生寻找"父子关系"之源，《过去的年》中启发学生探究"过年"的多重吸引力。

3. 课程资源整合贴近实际，深入拓展，集中而高效。教者在备课时既要结合专业特点敢于对教材内容进行必要的调整，同时要善于对教材内容进行拓展延伸，这是教师专业素养的体现。结合单招学生特点，虽然专业不同，然而人文素养、语文素养、道德素养是所有学生的相同提升点。这三大素养是学生形成良好的个性、健全的人格，实现未来职业生涯良性发展的决定因素。

（1）真正体现用活教材。①本单元打破了原有的教材编排秩序，将单元学习任务作为一个整体来布局，最大限度利用课程资源。②对各种教学素材进行精心选择，选择的教学素材既具备一定的深度，又具备一定的广度，对学习目标的达成起到重要的作用。如《多年父子成兄弟》中补充龙应台《目送》的文本和音频资源，从教育观的讨论深化到家庭之爱的凝聚力，学生很容易产生共鸣，也相对缓和了他们尖锐的触角。③重视来自学生本身的教学资源的挖掘，课前通过微博互动，收集来自学生生活的实例、经历，在课上演示学生自己的创作成果，虽然花费了不少时间，但是从最终的教学效果看，很有必要也很值得。对中职学生来说，启迪思维，提升眼界，感悟情感，和谐融入家庭、集体、社会，是他们在学校学习的重要意义。

（2）课堂固定环节逐渐提升难度，进行多角度口语交际的教学。新教材的特点之一是将"口语表达"放到了与"写作"同等的地位，使得教材的实践意义更为明显，为中职学生将来的职业生涯铺设了一条"绿色通道"。因而，在课堂上以活动训练法为主，学生在一系列与自身紧密联系的课堂活动中积累与掌握口语交际技能，兴趣盎然，主动参与，通过彼此间的表达与交流，既顺利提升了口语交际能力的水平，又成功激发了内心对学校、家庭的认同感和归属感。

（3）坚信"长期效应"。语文教学中的短剧表演一不留神就会产生偏差、热闹有余，价值不大。然而它的"长期效应"不容忽视，除却人文与情感的教育因素之外，短剧表演更是一种职业素养的教育。这种体验式教育如果予以强化，并延续下去，那么学生就会体味到尽责尽心完成一项任务，结合团队的力量完善一项任务的骄傲，从而获取文化浸润与职业满足的双重喜悦。

4. "三单式"教学结构定位准确，成效显著。如何在课堂上呈现学生的自然状态？"课前预习单、课堂探究单、课后检测单"的

"三单"成了本单元教学的主旋律。①有利于课堂准备充分，保证了课堂教学的顺利进行，节约了教学时间。②丰富了课堂活动，体现教师、学生双主体的效应，充分相信学生自主学习的能力和潜力，课堂气氛活泼，学生的小组合作探究，弥补了个体辩证思维能力较差、情感体悟较迟钝的弱点，激发了强烈的火花碰撞效应。而在探究过程中，师者对这些思维的火花进行及时的归类、提升和点拨，师者的作用非但没有削弱，反而变得更突出，成为"平等中的首席"。③有针对性地对教材进行再次拓展，将实践体验贯穿始终，学生逐渐形成语文的视野和语文的胸怀。

5. "学习评价"独辟蹊径。不采用冷冰冰的数据来说话，而是结合本学科特点，以语言激励为主，采用自评、他评和师评三结合的方式。其中，自评以"语文日志"的形式呈现，重在自我反思，记录自己的每课一得；他评，以"同伴语录"的形式呈现，是合作小组的成员相互进行学习综合表现的评价；师评除了在课堂上对学生的回答进行即时点评，对学生的作业进行微博点评，还有一环，即是对全体学生的本课点评，对每个学生都会有所启发。

（六）未来展望

"两课"是"中转站"而非"终点站"。"两课"结束了，如何令相关人力和物力资源持续发展，也是一个问题，当然，任何问题都不能阻挡我们对教师、学生发展的思考。职业教育的这场课堂革命必将引发多姿的课堂形态，不再是表面的纷繁复杂，而是内在的蓬勃多姿，可以源源不断地提供能量。而比赛中涌现出的优秀教师，他们的教学艺术很多是妙手偶得，可遇不可求，亦不可复制。如果要上升到流派，单凭个体自然形成不了相应的气候，然而这些散兵游勇的智慧与灵彩，犹如一粒粒种子，在某个时机萌发，从个体到群体再到生活的各个层面，这种生命影响力将远远超乎我们的想象。

于师舍内听心语

一、师者的"四张底牌"

每一所学校，发展与壮大的背后，一连串成功轨迹的背后，往往都站立着一支不起眼、不逃避、不放弃的教师团队。这支团队最显著的特征便是甘守寂寞、拒绝喧哗、专注"小事"。如果细说起来，他们拥有职业幸福的四张底牌。

"冒傻气"的至诚大爱

贯穿人类教育始终的无非一个词——"师爱"，这是智慧之爱，塑造之爱，赞赏之爱，宽容之爱，若与亲情之爱相比，它更多了一份理性，一份耐心、一份等待和一份无悔。从孔门三千弟子开始，中国历来就有着其乐融融的师生之间亦亲亦师亦友的"从游"，温暖而令人向往。梅贻琦也曾说过，师生犹鱼，行动犹游泳，大鱼前导，小鱼尾随。

优秀教师都有一个共识：将教师这份工作视作生命里重要的那一部分。学生这样称赞他们："我人生的最大幸运就是遇上了你，老师。"学生的一举一动，一笑一嗔，都逃不开他们的"千里眼"，躲不过他们的"顺风耳""热心肠"。微笑成了他们的标签，再顽劣的学生也能在他们的包容下蜕变、成长。他们也爱看《非诚勿扰》，爱听流行音乐，爱聊八卦，却有着最高纪录一周上 30 节课，在实验室里一泡就是一整天，送走了一届又一届学生。他们以诚动人，以情动人，以信动人，总是亲手接过家长们送来的孩子，热心与家长一同商量孩子的未来……他们有一个共同的称呼：一线教师。

对于教师，网上会有很多的议论。有段时间，教师似乎与"清贫""布衣"挂钩。其实，教师过的生活是他们期盼的生活，"传道授业解惑"。在教学之中，注重个体价值与社会价值的平衡，努力使学生实现个体价值，同时兼顾社会价值。教师将心血倾洒在学生的身上，哪怕换来满头的华发，一路磕碰，仍坚韧不拔、乐在其中。

"一根筋"的理想光耀

很多优秀的师者，都把教师这份职业当成了毕生的事业，在他们的职业天空里闪耀的是理想的圣洁光辉。巴尔蒙特这样说："为了见到太阳，我来到这个世上，即使天光熄灭，我也依然歌唱，我歌颂太阳，直到生命最后的时光。"这是一种纯粹的理想主义。身为教师，就应该是坚定的理想主义者。几千年前，孔子周游列国，泛传他的思想，处处碰壁，却育出了三千子弟。几千年后，陶行知先生的生活教育，平民教育滋养了无数农家子弟。

师者，如果带着理想前行，那么就会在跋涉中发现快乐，在快

乐中继续跋涉。这几年，一位年轻的美国教师克拉克关于教育的
"55个细节"风靡全球，带给所有师者强烈的震撼。原来，教育可
以这么细致，可以这么美丽。克拉克先生无疑也是一位理想主义者。
他何其有幸，能在自己的理想王国里沉醉、收获、前行。

　　还记得惠特曼的诗吗，"不论你望得多远，仍然有无限的空间在
外边；无论你能数多久，仍然有无限的时间数不清"。是的，在纷繁
的人世，不是每一天，每一个人，都可以闪出光亮；也不是每一天，
每一个人，都可以热烈燃烧。然而，真正的师者却永远秉承纯正的
品格，并且让它无声地生长，直到更多的人闪出光亮，更多的人热
烈燃烧。

　　如果说优秀教师也有一种"精神"的话，那应该就是理想主义
的光耀。他们的精神世界繁华而又宁静，他们爱打一套"三合一"
的组合拳：内在有"张力"，拥有旷达的气度；潜在有"魅力"，拥
有独特的个性；外在有"活力"，拥有永不疲惫的热情。

　　世上有多少人都追求飞扬耀眼的人生，然而教师们却将平凡当
成人生的"底色"。如同普罗米修斯，在每一日的啄胸之痛里从容仰
望着自己的理想，一下一下敲击着生命的岩石，永不停歇。

　　所以，不要说值得不值得，总有些东西一时间衡量不出它们的
价值，却深深植根于师者的心田。那些能影响学生一辈子的老师，
令学生毕业多年之后还念念不忘的老师，让同学一聊起来就会不由
自主地微笑的老师，甚至改变学生人生轨迹的老师，他们从不需要
刻意塑造教师形象，却留下了一个又一个温馨的画面，他们从不高
谈"理想"，却有一道理想的光晕一路尾随。他们匆匆来去，在纷繁

的红尘坚守着自己的理想，却又从来不曲高和寡，扮演"圣人"的角色，他们有迷惑有不解，有快乐有哀愁，有委屈有郁闷，然而，幸运的是，他们有气息相近的同行者，一路追逐，一路支持。

"不按常理"的行走方式

记得陀思妥耶夫斯基说过："人活在树木和水塘之间，活在劳动和精神的自由之间，活在诗歌和艺术边缘，活在有尊严和挚爱的生活之中，必定会活得舒服些。"或许，优秀教师在一定程度上与足够自由的成长空间存在联系。

当下，在倡导"以生为本"的大背景下，教育早已达成了共识：不唯求完美，更追求亮点，重在激发学生多方面才能的展现，进而彰显每个学生独特的价值。其实，这一条理论同样适用于教师的培养。一所学校在评选优秀教师时，可以侧重关注每位教师身上散发的独特光芒，充分挖掘他们的潜能、特色、优势，为他们的成长提供丰厚的土壤和充足的养分，以实现"春来满园芳"。

央视公益广告《名字》火了，究其缘由，是藉抽象的名字深刻揭示了个体生命的传承与创新。名字，是每个人生命的起点，承载着爱和希望，每一个普通的名字后面，都有一个故事，都有一段精彩。"张老师""李老师""马老师"……他们的后面也都有不可复制的职业生涯。

一些学校善于为教师"量体裁衣"，为每一位教师提供最适合他成长的那一片土壤。擅长教学的，就让他在课堂上激情四溢；潜心科研的，就让他在书香间绽放异彩；技能超群的，便放手让他尽情展现……

当学校的"一百单八将"都拥有被尊重、被信任的感觉，都能准确找到自己的价值定位，都能以自己的专长为基点不断成长，那么，我们的学校自然就会更加鲜活而富有生命力。当我们赞叹某位老师教学艺术精湛，佩服某位老师科研成果雄厚，更多的是被他们独特的个性光芒所吸引，折服于他们身上的"个体魅力"。

是否拥有鲜明的个性，一定程度上关系着一位教师职业成就的高低。教师可以发挥独特性，各擅所长，各绽其芒。于是，优秀教师的涌现几率将会有所上升。从"师德标兵"到"五类先进"，从"优秀教师"到"十佳教师"，变化的不只是名称，更是发现与选拔人才的标杆与尺度。

这样选拔出来的教师，是平日里不显山不露水，隐于校园和课堂之中，关键时刻却能亮一手绝活的"教师达人"。他们在各级各类业务竞赛中所向披靡，在教育教学中游刃有余，既能"实战"，又能"研理"。因为他们，学校的科研成果呈现"持续涨幅"的态势。

"一脉相承"的文化积淀

众所周知，学校文化涵盖甚广、微妙至深，又鲜活生动，无处不在。它就像一只看不见的手，影响和左右着学校的格局与发展，影响一代又一代的师生。真正的文化不是概念、修辞或者规范，而是生命、生活和情怀。当时间流逝，一切坚固的东西都将烟消云散，唯独文化和精神将长存。文化是历史与风貌的沉淀，它有自己的传统与精神，它流淌在学校师生的思维方式和行为方式之中。优秀的学校文化有特别的底蕴和内涵，它会长久地存在，而拥有这样一种文化的学校才不会成为昙花一现的"快餐学校"，或者是缺乏个性的"大众学校"。

文化缺失的教育教出来的学生极有可能是一些有知识没灵魂、有技艺没根底、有智力没情怀的"怪物"。而海门中专一直坚持对学校文化的深层思考和创新践行。"学校即家园，工作即经营"的海专文化，早已融入每一位师生的生命。如何把母校的文化精神烙在全体师生的心上，让他们获得受益终生的精神给养，一直是海门中专久思和深思的问题。

职业学校应当始终坚持"以技化人，以技蕴品"，提倡技能、生活与生命的深刻共鸣，呵护扎根于师生心灵深处的对自由、尊严、纯真、诗意的精神祈望和眷恋。

师者，静得下来教书，也热得起来生活。他们无论在教室还是车间，传授的不单单是满腹的经纶，娴熟的技艺，更是做人的品性，人生的态度。他们培养出来的学生不光有一技之长，可以与人一较高下，赢得工作伙伴们的认可，有潜藏的文化素养；可以是音乐发烧友；也可以是驴友；更可以是书友。

好的学校，擅长用"文化"构建起一方净土与沃土，让师生们能在相对"纯净简单"的环境里安心成长。在如今这个大部分学校文化都显得刚性的时代，如何坚守传统文化，又不断思变，营造真正意义上的"活文化"，完成了从单一的"校园文化"到丰富的"文化校园"的飞跃，将学校与"品质"之间画上一个"等号"？也许正是师者一路前行一路探索的问题。

每一位师生，都在暗暗期待，学校的每个领域，都氤氲着文化的生机，浸润着文化的精神，活跃着文化的灵魂。如果说，风生水起的学生社团，可以视作学校文化的一个触角，那么全体师生的一言一行，更彰显着学校文化的内秀。当学校的毕业生每每谈论起母校，谈论起老师时，总是一脸郑重，微微仰望。这就是属于师者的幸福。

变的是招式，不变的是精魂；不可预知的是外力，自然滋生的是内力。有了这四张底牌，师者之旅定会风景更好。

二、师者的"微幸福"

教师节发言稿

尊敬的各位领导、各位同仁：

大家下午好！首先，祝各位教师节快乐！

此刻，站在这里，心里有点小激动，虽然曾获得过一点荣誉，也惯于四处奔波，在大小赛场厮杀，被对手们戏称为"笑面杀手"，然而站在这样全新的舞台，接受全体同仁目光的洗礼，于我，还是首次。人生最大的荣耀，不是来自远方的喝彩，而是来自身边的认同与肯定。我很荣幸，能有这样一个机会，说一说一位师者的"微幸福"。

我是幸福的，这些年，遇到了最棒的老师，最棒的学生，最棒的同事。我的任何一点小小的成绩，都离不开这三者的宽容豁达、批评指正与温暖呵护。是他们，为我营造了一方宁静的乐土，让我可以有所缓和，却始终坚守，一路前行。

　　站在你们面前的这个人，爱较真，讲原则，言必行；然而当年做学生的时候，这个人桀骜不驯，自由散漫，缘何会有如此大逆转呢？因为我遇上的都是良师，他们宽容我的暴烈乖戾，容忍我的出言不逊，总是相信我会有大收获，于是在这场拉锯战里，我幸福地败下阵来，一步步往更好的方向发展。若干年后，站在讲台之上，和他们一样，严苛而温柔，犀利而幽默，耐心等待晚开的花香气四溢。多年以后，一位老教研员听完我的课，断言我一定是许老师的学生，那一刻，多少有点薪火相传的意思。

　　而一位师者最大的幸福，永远来自他的学生。隔着一个讲台，其实很多时候并不能做到细心聆听他们的心声。有一次，班上一位同学承受了我雷霆般的奚落却没有争辩一言，等我知晓错怪了他，他依然一笑了之，毫无芥蒂，孩子们的善解有所反思。今年暑假，我完成了万余字的《弟子短评系列》，为百来位弟子画像，没想到他们效仿我，也写起了《弟子眼里的老吴》，惟妙惟肖。有弟子扬言，要把老吴"绑架"到大学，继续上语文课；有弟子煽情，老吴，我们都曾是你手下最幸福的孩子；有弟子"咬牙切齿"，老吴，我也许不是你最优秀的学生，但我一定是你最有良心的学生……那一刻，多少有点无怨无悔的感觉，虽然，我从他们嘴里的"小吴"变成了"老吴"。

　　在教育的田野"风吹日晒"，再多的艰辛再久的跋涉，最终都幻化为漫天的霞光、心中的彩虹，那是缘于同路人的相依与相伴。

　　感谢敬爱的学校，不遗余力为我们建构多元的舞台，上升的平台，释放我们的激情与智慧。

感谢亲爱的同事，坦诚真挚的加油打气，欢乐与哀愁都成了珍贵的记忆，具有坚守的意义。

从第一天踏入课堂，任何时候向学生传递正能量，成了我固守的底线。

如果说，在我的老师与我的学生之间，也有所谓"一脉相承"，我想是"相信"。我总相信，有那么一瞬，你我都能承认，这芜杂世界，精彩不断。

麦克阿瑟说过，老兵不死，只会凋零。我也想说，师者不老，只会隐去。

而我的幸福、我们的幸福还在延续……

谢谢！

三、一个奇妙的"圆"

对口高考出征仪式发言稿

尊敬的各位领导、同仁、家长，亲爱的同学们：

大家上午好！

今天，同学们可以不必再望眼欲穿，因为，高考真的"来了"。

说起来，我们对口单招 12 级堪称母校历史上最为特殊的一届，因为你们见证了母校的豪迈变迁，你们目睹了母校的翻天覆地。三年，不长也不短，却裹挟着你们和我们在时代的洪流里奔涌向前。

还记得那年九月，你们从四方涌来，好奇地踏进秀山校区，开启了一段全新的旅程，如今，最美的四月，你们将再次踏上那片熟悉的土地，奔赴你们人生重要的战场。

时间在这里划了一个奇妙的圆，而你们也必将迎来人生最圆满的一战。

今天，与你们朝夕相伴的校领导、系主任、老师都来了，就站在你们的身旁，他们曾经因为你们小小的进步而欣喜若狂，又因为你们小小的过失而伤心难过，三年里唱着一曲又一曲"爱与哀愁"。他们来为你们送行，祝愿他们心目中最优秀的一届弟子，如猛虎前行，攀上那人生的第一座巅峰。

今天，一同站在这里的，还有你们的学弟学妹，他们明亮的双眸，曾经无数次横扫过你们苦读的身影，肃静的面容、沉思的姿态，换来由衷的敬畏与崇拜。他们来为你们送行，祝愿他们心目中最优秀的学哥学姐，以苍鹰的气势，战胜那场高考之战。

今天，在你们的身后，是你们的父母，他们远道而来，无一例外无比骄傲地告诉别人，我的孩子就要高考啦！他们来为你们送行，祝愿他们心目中最优秀的孩子，如骏马奔驰，奔向那璀璨似锦的明天。

美好的时光总是这么短暂，三年的日日夜夜即将成为值得铭记的历史，而亲爱的母校也将成为远去的风景，这一头连接的是回忆，会永远镌刻在大家的记忆深处；那一头延伸的是希望，有无数道目光在悄然注视。

你们要记得，在你们高考的行囊里，有最殷切的期望，最热烈的祝福，当然，还有我们高三老师最后一次的唠叨：细心作答、静心思考、精心调控。

所以，我亲爱的同学们，还等什么？我们高歌得胜凯旋归；我们春风得意马蹄疾，两日看尽长安花；我们要成为母校最为优秀的人。

我们必胜！谢谢大家！

四、记忆的音符，离别的歌

毕业典礼高三教师代表发言稿

尊敬的各位领导，亲爱的老师、同学们：

大家好！

其实，直到现在，我激动的心情还没有平复。我曾在出征仪式上说过，你们是母校最优秀的一届学生。而你们，用一个数字，"282"，神一样的数字，与兄弟系部组合成"487"，将"全省第一"的光环摘下，馈赠给亲爱的母校。那一天，举校欢腾、群喜若狂。母校深深地为你们骄傲！

真好，同学们，我们又一次相见在这熟悉的校园，过去的日子里，我们一次次说着"再见"，又在第二天彼此微笑"问好"，然而，今天，也许说完"再见"，便是真的"再见"。三年前，我们在这里相遇，三年后，我们在这里离别，上苍还真是善解人意，给了我们一场圆满的别离。然而，情是散不去的。亲爱的同学们，我们牵挂着，你们牵挂着，让我们彼此牵挂，让牵挂成为我们永恒的记忆。

　　说来也巧，刚刚演出的"东篱诗社"，有我的学生，而此刻在台下就座的"高考好男儿们"，也有我的学生，这会成为一位师者最温馨的记忆。

　　而我欣喜之余又有些怅惘，你们"从零塑造自己的时代"即将开启。你们是选择物质的安逸，还是选择精神的高贵？你们是被惰性击败，还是追随内心的激情？你们是波澜不惊，还是想搏击风浪？请从母校带走我们"海专人"的气息吧，把追求带到远方，把诚信带到远方，把独立的人格带到远方，最好，还带一些浪漫去远方，那浪漫就是母校的四季，悄然葱茏，从容绽放，潇洒舍弃，冷静研判。在这个怀疑的时代，我们依然需要信仰，你拥有光明，就能欣赏阳光。

　　说真的，私心里，我并不希望你们都做猛虎，呼啸山林，那样的人生未必能领略全部的美丽，还是做劲犬吧！可以为事业狂奔不舍，可以为朋友挺身而出，可以惬意地在某个黄昏小憩，更可以撞了南墙睡一觉，第二天又是双眼炯炯，左右蹿跳。

　　请记住：母校情、师生谊、同学缘，不会以权势论高低，不会以财富论短长。你们在座的所有人，宛如群星闪耀，熠熠生光，共同点亮了母校的天空。

　　请记得：你们的幸福是我们最大的期待；你们留下的故事，我们将共同珍藏；你们的欢笑与泪水，始终是我们最大的牵挂。就连那些"恨铁不成钢"的瞬间，如今回想起来，也全部成了快乐的点滴。

　　今日一别，诸君鹏程万里！就让我们用记忆的音符，填满我们心底共同的骊歌！

五、荣光铸就"荣光"

"3＋4"开班仪式发言稿

尊敬的各位领导、来宾，亲爱的老师、同学们：

大家下午好！

很荣幸有这样一个机会，代表我们海门中专"3＋4"的老师们，在这里倾诉一位职校师者的心声。

今天我发言的主题是以荣光铸就"荣光"，用五彩织成"五彩"。

作为"3＋4"任课老师团队的一员，首先是窃喜。625分的录取线，与省内四星级高中持平，1500多人填报，最终录取比例不到5％，70名佼佼者组成了我校史上"第一期""第一班"。接手这样"豪华"的班级，是学校对我们能力的全面肯定，是学校对我们工作的百分百信任。因而，我的内心涌动着跃跃欲试的兴奋、尽情施展的豪迈、用心耕耘的喜悦。我为能加入这支优秀团队而感到深深的骄傲与自豪。其实，我们学校拥有很多优秀老师，如果多来几个"3＋4"，也一样立马拉出一支精干匹配的团队。

其次是感动。刚上了两天的课，我就喜欢上了我们"3＋4"的孩子们，语文课上，你们挺直的脊梁，闪动的双眸，会心的微笑，沉思的模样，都在告诉我，你们的内秀聪慧与气定神闲。记得一位诗人说过"有时我们敢于面对凶恶的强盗，却不敢面对一个沉默的孩子"。是的，在我们面前的同学们，你们就是一张张纯净的白纸。

面对这张张白纸，喜爱涂鸦的我却心存敬畏。"畏"从"敬"来，"敬"由"爱"生。我愿意以爱为笔，研心为墨，以三年为期，在这张张白纸上描绘出一幅幅个性迥异的彩绘！

当然，欣喜之余也有惶恐，有内心无法言说的沉重压力。不过，我更愿意把它视作一种甜蜜的负担，全新的教学，全新的课堂，全新的培养模式，带来的是全新的挑战和机遇。"3+4"的学生很特别，如同一匹锦绣，熠熠生光，如同一园芬芳，清香怡人。如何裁成盛世华衣，如何育成良株美木，实在是费人思量。

与对口单招、普通高中的高考压力不同，我们"3+4"的学生，应该达到人文素养与专业技能交相辉映的境界，夸张一点讲，"文能提笔安天下，武能上马定乾坤"。你们，将是未来的首批职校硕士班、博士班。对你们的教育，没有固定的模式，也不应该有固定的模式，而应当自成一格，走一条"弹性"教育的新路。三年后，你们要比中职的学生厚实，比普高的学生灵动。

这也对我们所有的老师提出了新的要求。记得哲学家维特根斯坦说过，"我在地面步行，不在云端跳舞"。我想，我们施行的正是一种接地气的朴素教育，原味课堂、传统教学依然发挥着优势，微课堂、泛在教学也在慢慢渗透，不仅实施"人"的教育，更奉行"美"的教育，让我们的学生成为拥有丰富人性、生命质感、无限创意的"新新"人类。三年后，你们迈入南信的大门，感觉是从一个"家"回到了另一个"家"。

开落有序，花运作的是时光；枯荣无常，草经营的是岁月。就让我们和你们，携手同行，竞相绽放，以荣光铸就"荣光"，用五彩织成"五彩"。

谢谢大家！

六、陪赛小记

全市"新生命成长叙事演讲比赛"，备赛时间只有一周，让谁去好呢？笔者心里立马开始拨拉起来，自己班上激情四溢的学生，胆大无畏的学生，爱现敢现的学生，自然首先印上心头。然而，这一回，很想换一种思路，选一个不可能成为选手的选手。

选谁呢？笔者把目光锁定在班上一位内向羞涩的女生——汤玉玲。撰写文稿，于她不费吹灰之力；制作 PPT，她也可以发动她的社团成员，合力完成；最大的阻力，来自她的现场表现力。

一个轻言细语型的女生，去和一众声音洪亮的选手比赛，这似乎是一场毫无悬念的挑战。然而，当我征求汤同学的意见，问她能不能参赛时，她毫不犹豫地点头了，这有点出乎意料，我笑了，我相信，内在的能量往往可以激发最大的动力。于是，备赛的时旅开启了。

稿子第一遍，稿子第二遍，稿子第三遍，终于，敲定了演讲稿的主体框架——"讲述我与社团的那些事"，题为《"涂鸦文社"，"涂满"我的青春》，风格则另辟蹊径，不走正义凛然版，而走自嘲调侃的小清新版。在文稿的修改过程中，汤同学很有自己的见解，这点难能可贵，也令我很是欣赏。关于她的建议，有些接受，有些并不买账。于是，最后妥协的是……

至于她的演讲风格，就定为了"娓娓道来"。然而，在实际的练习中，汤同学举止局促，两手根本不知往哪里放，脸上的表情很不自然，这让笔者不禁有些担忧。但小姑娘却并不退缩，将质疑照单全收，默默化解去了。

第二日，第三日，她的状态越来越好，脸上轻松自如的神色越来越浓。比赛时有提词器，但我还是要求她将 3000 字的文稿倒背如流，这样才有底气，也才可以真正融会贯通地理解文稿，诠释文稿，发挥文稿。中间出现停顿的时候，笔者会给予一定的提示和帮助。

比赛时间很紧，她还有大量的其他功课要应付，然而，每日一练始终没有间断。等到练习手势的时候，汤同学的韧劲又一次显现，设计的手势被否定后，她就重新设计自己的手势，尽量委婉地与笔者商榷，是不是这样，是不是那样，最后，屈服的又是……

终于到了比赛之日，我也开始紧张起来，但又不能让学生发现，于是，用最后一次彩排的一声赞许来消弭彼此的紧张。

比赛当天，我们第一个来到海门电视台演播大厅，同行的还有我系的崔丹丹老师，她担任后勤大使。比赛时的赛服，一到现场就被工作人员否定了，幸好我们学校的兄弟系部也都赶到了，财贸系主动伸出援手，赞助服装，这样一来，巧得很，我们学校的四位选手一色红，正应了"开门红"的好兆头。

然而，解决了服装，还有现场妆容的问题，崔老师立马化身为"化妆师"和"形象顾问"，依据汤同学的容貌特点，设计了"裸妆"效果，很衬她的气质，温婉可人。

比赛近在咫尺，将电子稿以及 PPT 递交工作人员后，我又让汤同学再次检查了一遍文稿上标记穿插 PPT 的地方是否有遗漏，这关系到电视台的后期制作。随即，让她观战，对第一位选手的比赛实况进行了短时间的观摩，找找感觉，也顺便积累一些经验，但是观摩时间不宜过长，否则可能会影响她比赛的既定风格。余下的候场时间，她一直在电视台还未正式启用的化妆间度过，对着镜子又演练了一遍，这种争分夺秒的做法，相当有效，在演练中不知不觉地消除选手的慌乱与无措，剩下迎战的兴奋与忐忑，而比赛时的紧张情绪则大可以保留，一定的紧张感反而可以刺激选手比赛时投入高度的专注力。于是，最后，紧张的是……

任何比赛都只有一次机会，而机会往往稍纵即逝。所以，正常发挥就是制胜的关键。有些瑕疵无关紧要，如破音，那是情绪高涨时的正常反应；有些疏漏则功亏一篑，如忘词，不仅削弱了演讲的感染力，更破坏了比赛的气场，造成不可挽回的损失。

而演讲比赛，更考量选手的临场急变。汤同学的实战，不能说完美无缺，但庆幸的是，她掌控住了全场。

姑娘不气馁，努力到进场最后一秒。比赛时，她"小家碧玉"的气质刚刚好，犹如一缕清风，暗袭人心，柔萌柔萌，几个小手势也轻灵自然，带点小俏皮，青春的甜美与活力扑面而来。临时换的薄红衫与小黑裙，明丽的颜色，反倒更显可爱。于是，最后，窃喜的又是……

拍摄顺利结束，我们一行轻松回返。至于名次，那就让专家们去烦恼吧。把一件事做好，与争一个名次，孰重孰轻，汤同学历经此役，已然知晓。如此，足矣。

趣　味

灯下沉吟

一、一脉相承，诗心如磐

在学术史上也有许多"失踪者"，顾随先生就是其中的一个。如果不是他的学生们蜚声海内外，不知道还有多少人会知道他们的授业恩师——顾随。

顾随本名顾宝随，河北省清河县人，生于 1897 年。赴北京大学英文系求学时遂改为顾随，取字羡季。1920 年从北大毕业后，顾随即投身教育工作。他教授《诗经》《楚辞》《昭明文选》唐宋诗、词选等以及中国文学批评等科目。

顾随学贯中西，讲起课来旁征博引，给听课者极深的审美感受与启迪。叶嘉莹曾经多次聆听顾随讲授的课程，每次都受益匪浅。

她曾说："我自己虽自幼即在家中诵读古典诗歌，然而从来未曾聆听过像先生这样生动而深入的讲解，因此自上过先生之课以后，恍如一只被困在暗室之内的飞蝇，蓦见门窗之开启，始脱然得睹明朗之天光，辨万物之形态。"

这样的称赞实不为过。从这本由叶嘉莹笔记，顾之京（顾随女儿）整理的《顾随诗词讲记》中就可见顾随先生对中国古典文学的精深造诣。它可以算作是一本由学生悉心记录的笔记。翻开书，随处可见顾随的治学之光闪现，处处充盈着一番灵妙之气，真知灼见随意拈来。其中往往凝结着顾随本人的人生大智慧、大感悟。

现在各类诗词鉴赏的书籍层出不穷，良莠不齐，但顾随先生的这本《顾随诗词讲记》无疑站在了一个高处。作者的才华由诗词起，转而引申到形而上的高度，字里行间都凝聚着作者深沉的哲思与丰沛的情感。顾随先生在授课时，从不吝啬自己的好恶评价，任由自己的性情挥洒，一褒一贬中，戥秤可见。顾随先生说："伤感最没用。诗中伤感便如嗜好中之大烟，最害人而最不容易去掉。人做事便当努力去做事，有理说理，有力办事，何必伤感！"

这真是一语道破人生世相的许多真谛。对小李杜中的李商隐，顾随不吝啬溢美之词，"若举一人为中国诗代表，必举义山，举《锦瑟》"。但顾随也同样客观地说这并非是诗的最高境界，"境界世界甚小"。顾随先生还对李义山的朦胧之美有如下见解：他将日常生活中的艰难苦恨转化为欣赏，然后用一种从容委婉的情绪，表而达之。就这成了"此情可待成追忆，只是当时已惘然"。

一蹴而就自是品不到书中的神韵之美。慢慢品读，仿佛在聆听顾随先生谈笑风生、博古论今的课堂讲课。从容与美感，怎不让人钦佩。正如周汝昌所言，"名师上堂，正如名角登场，你没见过那种精气神，一招一式至美，一音一字至妙……"所以，雅文、好书、好的讲义自是当细细揣摩，鉴赏。开卷有益，阖卷后也能在脑海中翻腾出书中的精髓，为我所用。

我们今天能够品读到顾随先生的高论妙语，大半要归功于叶嘉莹先生当年的听课笔记。在滴滴墨香与修改涂抹的笔记中，均可见师生情谊的一种"古典"式学术传承。薄薄的一册笔记，往小了说，是一段师生情谊的见证；往大了说，未尝不是一种文化的薪火传承。近年来，画家陈丹青也将老师木心的讲课笔记整理成《木心回忆录》出版，引起不小的关注。这些点滴的鼓励，或许能让那些隐匿在历史深处的才子们重新受到读者们的欢迎，让我们与他们"相遇"。读《顾随诗词讲记》，总忍不住灯下执笔，圈圈点点。

片段一：陈简斋《晚晴》之哲思

"人生如行云，空行杂徐疾。薄暮俱到山，各不见踪迹。"

——这首诗，讲人与人之间的"风云际会""交错而过"，所谓"缘起缘灭"，有点日本茶道"一期一会"的意思，每一次见面都是第一次，也是最后一次；或者像徐志摩的诗中所言"偶然投影到你的波心，你不必讶异，也不必欢喜"。

片段二：诗人要欢喜＋悲凉，恬静＋热烈，才能有诗心

这里大概是到了"过尽千帆皆不是"的一种境界，在繁华热闹与孤寂荒凉之间自由穿梭，既看透，看淡；甘于寂寞，又依然执着，抱有热情。恬静，是一种旷达超脱的心态，而不是冷漠无视或者与世隔绝。譬如陶渊明，既有"金刚怒目"的一面，又有"悠然南山"的一面。他的田园情结，其实是对这个世界的最纯澈的一种坚守，万山千水，一草一木，都有情。又譬如鲁迅，顾随说他最会说笑，脸上却可刮下霜来。鲁迅也是那种冰与火的交融体，既可以一个都不原谅，穷寇死追，也可以热情澎湃，心细如发，喜爱玫瑰、儿子……

片段三：议文学之"雅俗"

到了一定境界，自然会有万物平等，各臻奇妙的想法，知道大雅与大俗，都是艺术，都有其美。朴素而粗粝的人、事、物，反而有蓬勃的生命力和创造力，那些民间的谚语、歇后语，常常含有某种智慧和人生的洞察。现在的方言逐渐在消亡，是非常可惜的一件事。那些生动俏皮又极具表现力的语言，何尝不是一种艺术。正如民间小调与交响乐，都是不可更替的艺术之一。听过一回龚琳娜的《小河淌水》，就感觉很惊艳。而以作家为例，莫言的作品虽不精致，却有一种汪洋恣肆的野性和九死一生的莽劲。好的诗人，都是可以从底层发现美的，正所谓"已识乾坤大，犹怜草木青"。高雅不是不食人间烟火，而是懂得人间烟火。

片段四：人生中的种种"免"

或问赵州和尚"佛有烦恼吗？"

曰："有。"

曰："如何免得？"

曰："用免做吗？"

顾随先生说："这真厉害。平常人总想免。"这里似乎自有一种笃定，由得烦恼来来去去，自生自灭，生，有生的底气；灭，有灭的底气。烦恼伴身不惊不乍，不惶不乱，与之和平共处，把它视为生命的一部分，也忧愁，也犯踌躇，也隐隐不安，却不期冀，不依赖，不仰仗，不奢求或央求，等到某一天，自然消解，沉淀或化无。

片段五：文章之"天赋"

顾随先生，大概也是赞成文学的"天赋"这一说的。文章贵乎天然，拘泥于技法，就落于下乘了。这一点，好像也可以用"文章本天成，妙手偶得之"来说。诗人，通常是敏感，敏锐而且洞察入微的。他们的情点很低。但是又可以在一个相对理性的层面旁观世间万物。顾随先生说的"凫水"之说。大概是说到了一种随心所欲的，驾驭一切，近乎本能的这样一种境界。如风行水上。力量之大小，情感之深浅，笔法之铺排，都已经到了"无为而治"的地步。就像音乐中的"天籁"，是至高的境界。又像文学中所说的"返璞归真"。这是非得要有足够的积淀，磨炼，操行和超然的心境才可以达到的。这里的"真"，并非人类鸿蒙时期的草莽式的无知天真，而是看透，看淡，看清之后的一种心灵的安宁。所以，它的内涵是醇厚绵密的，而表现出来的文字，却可以是轻捷简短的。

真水无香，无华是最好的华丽。"淡泊明志，宁静致远"，"悠然见南山"，"心远地自偏"，应和"静能生慧"之境。

片段六：苏轼之爱竹

苏轼对画竹子的名家笑笑先生文与可的画尤为赞赏，写了一段有趣的文字："先生闲居，独笑不已。问安所笑，笑我非尔。物之相物，我尔一也。先生又笑，笑所笑者。笑笑之余，以竹发妙。竹亦得风，天然而笑。"

天下皆知苏轼爱竹，"宁可食无肉，不可居无竹"。竹，身直偪侊，又有节，隐喻刚正守节，实乃"君子器"。而且，竹子见风长，好养活，拔节快。林黛玉也爱竹，爱它清雅潇洒，宁折不弯。

然而，苏轼与文与可的一番禅语，却又见他的心曲。竹内中空，坦荡荡。正所谓"风过疏竹，风去竹不留声；雁渡寒潭，雁过潭不留影；故君子事来而心始现，事去而心随空"。苏轼喜爱竹子的秉性，历经再多，打滚再久，不移不变。"竹亦得风，天然而笑"，风来则喜，簌簌有声；风过不动，收回自我。物喜亦喜，却知是他喜。竹君，深谙"放下"之境。

片段七：放翁的诗好学吗？

顾随先生说，放翁诗以七言绝句最好，放翁以后诗人，或不知不觉学放翁，或显而易见专学放翁。

而《红楼梦》里"香菱学诗"一节，林黛玉则告诫香菱不能从学陆放翁的诗学起。林黛玉的原话是什么呢？林黛玉道："断不可学这样的诗。你们因不知诗，所以见了这浅近的就爱，一入了这个格局，再学不出来的。你只听我说，你若真心要学，我这里有《王摩诘全集》你且把他的五言律读一百首，细心揣摩透熟了，然后再读一二百首老杜的七言律，次再李青莲的七言绝句读一二百首。肚子里先有了这三个人作了底子，然后再把陶渊明、应玚、谢、阮、庾、鲍等人的一看。你又是一个极聪敏伶俐的人，不用一年的工夫，不愁不是诗翁了！"

林黛玉说放翁诗"浅近"，大概是指"重帘不卷留香久，古砚微凹聚墨"这两句，放翁并没有放感情进去，这种焚香静坐、把玩古砚，是典型的古代知识分子对雅文化的把玩心理。这类人，类似现代所谓的"雅痞"，或者以前老上海的"老克勒"，所以林黛玉才说"一入了这个格局，再学不出来的"。诗歌、美，或者文化，乃至一切所追求，都需要用生命来悟证，最忌"把玩"心态。

但放翁有真感情，他的"沈园"情结一直绵延到老，他的"家国"情结亦是。譬如，《诉衷情·当年万里觅封侯》：当年万里觅封侯，匹马戍梁州。关河梦断何处？尘暗旧貂裘。胡未灭，鬓先秋，泪空流。此生谁料，心在天山，身老沧州。

片段八：柳宗元与李贺

柳宗元的《小石潭记》，寒彻入骨，孤冷清绝。已然不是天地之物了。"坐潭上，四面竹树环合，寂寥无人，凄神寒骨，悄怆幽邃。以其境过清，不可久居，乃记之而去。"

反观苏轼，《记承天寺夜游》，也是清寂空灵，笔下却始终有与张怀民的脉脉温情，至交心灵相契的暖意，总还有俗尘气息。

而李贺的想象力，瑰丽而诡谲，甚至冷奇。"遥望齐州九点烟"这种句子，是冷眼俯瞰整个红尘。长吉作诗，真是呕血而作。反观李白，天马行空，心无挂碍。

二、文心雅趣，铁画银钩

中国古代文人的生活方式精致而考究，如园林营造、书斋装潢、家具设计等，都可见文人化的倾向。又如"梅、兰、竹、菊"，这四种植物占尽春夏秋冬，中国文人以其为"四君子"，正表现了他们对时间秩序和生命意义的感悟。梅，高洁傲岸；兰，幽雅空灵；竹，虚心直节；菊，冷艳清贞。中国文人在一花一草、一石一木中负载了自己的一片真情，从而使花木草石脱离或拓展了原有的意义，而成为人格襟抱的象征和隐喻，代表了历代文人的风度。

这种清雅高洁的生活方式，乃是基于他们经济的自足与心情的闲适而来。"琴、棋、书、画"中的书法更是如此。中国古代文人没有那么多干扰，所以可以静下心来吟诗作画，书写怀抱，书法于是就有了用武之地。评价一个人的人文素养和文化追求，书法无疑是一种理想的载体。"琴、棋、书、画"作为文人的雅好，传承了几千年，其中必然有相同的意趣和韵味。文人的情怀需要宣泄，更需要共鸣，这种共鸣式的宣泄就是以文会友，去沟通双方心灵。东晋穆帝永和九年（公元 353 年）三月三日，王羲之和当时的名士等 41 人，为过修禊日，宴集于会稽山的兰亭，每人吟诗两首不等。当诗稿汇集成册时，由谢安等人提议请王羲之为序，王羲之已是酒醉微醺，兴致所至挥笔写下了深为后人称道的《兰亭集序》文，文绝字绝，成了名冠千古的书法绝品。后来，唐太宗因为太喜欢王羲之的《兰亭集序》，下令将这幅书法作品随葬，此后，《兰亭集序》的真迹便不知所踪。

大概也算是一种流行风尚，过去，书法常常作为高雅的礼物来赠友送客。其中，以字题扇尤为常见。纸制的扇子是古人降暑的常用工具，而扇面用于写字作画，也是中国古代特有的形式之一。往来应酬，互赠扇子及在扇面上合作书画，更是中国文人之间的一种雅事。古人书法是建立在文化之上的，往往率真而天然成趣，各有各的韵味。现代书法家应该在写得好看的基础上，往耐看发展，切忌太露，太过张扬，保留古代书法的那种含蓄、儒雅、自由以及书卷气。

如果以字度人，那么张謇的书法人生也是很值得一说的。他受传统的儒家教育影响颇深，大概从小自从说话起便开始握笔学写字，书法的底子不可谓不深厚，有人专门研究他的书法。

张謇在他的一生中，对书法的嗜好是显而易见的，他曾刻苦临写各种碑帖，从《张謇日记》中，我们便可以看到他沉醉于书法的一些痕迹。依照他的时间轨道，他曾反复临写的碑帖主要有：

21 岁，临褚遂良《枯树赋》；

22 岁，临钟繇帖、孙过庭《书谱》；

23 岁，临颜真卿《麻姑仙坛记》《告身帖》；

26 岁，临《藏公碑》；

27 岁，临《醴泉铭》《皇甫碑》《元妙观碑》；

41 岁，临《瘗鹤铭》；

45 岁，临《曹娥碑》；

74 岁，临怀素帖。

临帖，几乎横贯了他的一生。张謇临写碑帖时，并不拘泥某碑帖，而是从各家碑帖中汲取营养，为己所用。他的书法以才为书，以气为书，以功用为书。融汇诸家而笔出自意，厚朴沉着，形成了"张书"气象。

留下来的代表作主要有《张謇临伊阙佛龛碑》《墨竹赋》《张季直书千字文》《狼山观音岩观音造成像记》《张啬翁书千龄观记》

《唐孝子祠校记·观世音咒》《东奥山庄记》《望稼楼联》《张母八十寿辞》《钱处士行状》等20余种。

他还亲自给伶工学社的学生批阅书法作业。为了使学生学好书法，张謇亲自选取碑帖，印为课本。他在1903年致友人的信中提到："此间定四月朔开学，因思国文中有书法一门，兼真、行、草三者，若人人求精本临摹，断无是事，即一人照备一份，书本亦不整齐。弟顷思得一法，取真、行、草各三、四种，用影照石印，装订成本，即为各处学校教学课本。"如何用书法化人，张謇作为师者，自有他的考量。一个人的审美的意识，其核心的理念是"真、善、美"，而书法的传统理念正是"真、善、美"，书法艺术是一个用眼观察美，用心感悟美，用手创造美的过程。张謇在艺术上的孜孜以求，在道义上的直面人生，他身上所体现出来的正义、良心、人性，其精髓就是"真、善、美"，在严格的书法训练过程中，学生可以养成一丝不苟的负责精神和从容不迫的美好操行，这既是一个积累知识、丰富人生的过程，又是一个道德熏染、涵养气质的过程。

如果张謇与书法到此为止，也就是一段一般的文人以书法修身养性，以书法传德立礼的故事。但张謇顶着自己"状元"的头衔，公开鬻字，明码标价，这似乎和中国文人的风骨有些背离了。

如果对张謇鬻字也做一番统计的话，那么他一生鬻字大致有四个时期：

光绪三十二年，鬻字两年；

民国五年，为残废院盲哑学校鬻字；

民国十一年，为慈善公益鬻字；

民国十五年，为慈善鬻字。

其中，育婴堂初成，张謇乃以卖字筹钱捐得款项为继。其时计划每季鬻字得 500 两，一年便有 2000 两收入，足够收养一百多名婴儿。至 1922 年，大生集团经济滑坡，张謇个人分红和薪俸骤减，直接影响慈善事业，张謇乃再次登报鬻字筹措善款。持续两年多，至 1924 年张謇已届 71 岁高龄时方始停笔。

如果用中国古代文人的标准来衡量，张謇鬻字似乎是有失体统，不够高洁了。然而，张謇与古代一般文人的区别正在于前者往往爱惜自己的羽毛，而后者始终以民生国运为大计。对于一己之私誉，张謇淡而轻之。

张謇用他一生的短暂生命所架起的，是一个重大社会和人生问题的心灵答案：民生至大。他的理想国，与千万中国传统文人"达则兼济天下，穷则独善其身"的理想，并没有什么差别，甚至他追求的是一个具有超前意识的新的民主世界，富者无权轻视贫者，贫者无权轻视富者。

突然想起苏轼的《黄州寒食帖》，这两首诗是苏轼被贬黄州第三年的寒食节所发的人到中年的命运之叹。诗写得苍凉多情，正表达了苏轼彼时惆怅孤独的心情。而写诗的书法也正是在这种心情和境况下，有感而出的生命的吟唱。《黄州寒食帖》通篇书法起伏跌宕，光彩照人，气势奔放，而无荒率之笔。

在书法史上，《寒食帖》影响很大，被誉为"天下第三行书"，也是苏轼自己书法作品中的上乘，可遇而不可求。开篇之始，书写平缓，字体端正，其后由于感情的变化而使作品的用笔、结字急剧变化，字越写越大，笔势也越来越急促，最精彩的是中段，感情像火山喷发一样不可抑制，最后又复归平缓。苏轼写这件作品时，由于被贬职流放，正是处于人生的低潮。"君门深九重，坟墓在万里，也拟哭涂（途）穷，死灰吹不起！"读其文句，感其心境，观者莫不为之动容，书为心画，此言不虚也。难怪黄庭坚为之折腰，叹曰："东坡此诗似李太白，犹恐太白有未到处。此书兼颜鲁公、杨少师、李西台笔意，试使东坡复为之，未必及此。"

苏轼的书法，自然是好的，但平心而论，并没有达到书法顶级的水准，为什么这部《寒食帖》如此受到盛赞，又如此广为流传？细想起来，苏轼的字大概和张謇的字有一样的玄妙之处。字由心生，与它背后写字的那个人紧密相依。一旦联系到永恒的精神层面，答案就不言而喻了。他们的字里不仅仅是个人的情绪与感怀，包容的是整个天下沧桑，对国对民的希冀与追求。所以，书法里的"我"与"天地"间的"我"，成为美丽的叠影，耀照着同一个光明与黑暗并存的人类世界。

三、小细节里涌动大情怀

罗恩·克拉克，何许人？他，曾在美国很多问题学校任教，现为纽约哈莱姆学校（哈莱姆为纽约著名黑人住宅区）教师；他，曾荣获"全美最佳教师奖"，故事已经被搬上了大银幕；他，教过的学生都来自最贫困的家庭，但只要被他教过的学生，成绩一定会突飞猛进，气质也会变得彬彬有礼；他是当之无愧的"奇迹老师""英雄老师"。

笔者有幸拜读了这本堪称"西方弟子规"的教育畅销书，逐条翻阅 55 条平淡不起眼的教育细节，一路看来，一路感动。作为老师，笔者深深艳羡克拉克先生在教师行业取得的辉煌成就，更深深钦佩这位同行在教师这个行业付出的心血与挚爱。作为母亲，笔者深深艳羡他的教子有方，更深深汗颜自己对孩子的用心，恐怕还不及这位老师对一名普通学生的程度。

教育，说到底始终源于"爱"，源于生活中不为人知的"爱"。他用"爱"在教育旅程里发现了一个个惊喜，制造了一段段令学生难忘的经历。他对学生倾注了无限的关爱，但同时又是威严的，苛刻的。他既能接连不断地给孩子带来快乐，又能毫不留情地要求他们遵守他定下的"规矩"。他关于教育的 55 个细节就像一把琢玉的刀，细腻、周全、精致而又独创地打磨出一个个宽广大气的成长人生。其实，罗恩·克拉克的理论本质上与教育家陶行知的理论心气相通、不谋而合，他们都侧重于教会孩子生活，就是更注重情商的培养。

克拉克老师注重培养孩子的良好习惯和教养。他告诉我们，每个孩子都有其独特的天赋和可塑性，只要让他们感觉到自己确实是被人需要、被人爱着的，只要让他们成长并快乐着，那么，即使是令人头痛的问题学生也会成长为举止得体、品行高尚的好学生。

他订的 55 条规则并不只是要让孩子循规蹈矩，更重要的，是要他们为离开教室后的漫长人生做好准备，知道如何待人接物，把握人生，快乐生活，自信生活。在罗恩·克拉克心里，教育不是一项艰难的工作，而是一门蕴涵着无穷魅力的艺术！正如庄子所言"庖丁解牛"般游刃有余，精彩无限，化腐朽为神奇。他准确捕捉了在教育过程中容易被人们忽视的那些细节，既对学生严格施教，又用爱心和热忱赢得了他们的发自内心的爱戴和尊敬。

记得在某年世界各国诺贝尔奖得主的巴黎聚会上，有人问一位诺贝尔科学奖得主："您在哪所大学、哪个实验室学到了您认为是最主要的东西呢？"白发苍苍的老学者回答道："是在幼儿园。""在幼儿园能学到什么东西呢？""把自己的东西分一半给小伙伴们，不是自己的东西不要，东西要放整齐，吃饭前洗手，做错事要表示道歉，午饭后休息，要观察周围的大自然……"以上他所提到的都属于非智力因素，而正如物理学家劳厄所说："重要的不是获得知识，而是发展思维能力。教育无非是一切已经学过的东西都遗忘掉的时候所剩下来的东西。"这剩下来的东西，是一个人的性格、学识、修养等。

而中国三联书店的灵魂人物——范用先生，他一生沉醉于书香国度，最念念不忘的恰恰就是自己的母校——江苏镇江穆源小学。范先生认为正是他的母校给予了他以后人生的勇气、仁爱与温暖、信念。

不论在哪所学校，哪个阶段的学校，只要可以从中汲取生活的智慧，就是一所好学校。而教育细节，正是其中关键一环。

书中的55个细节全是克拉克老师从平时的一点一滴、一举一动中慢慢攒集而成的。他让孩子从生活中学习，在学习中成长；从鼓励中学会关爱，在关爱中学会友善；从赞美中学会感激，在感激中学会分享；从赏识中学会自信、在诚实中锻炼品质；从公平中理解正义、在相处中学会尊重。他想让学生具有良好的思想修养、崇高的思想境界、高尚的道德品质，这些不是一味地反复灌输所谓"大观念""大道理"就能实现的，也不是一味训斥加惩罚就能达到目的。高尚的道德，谈吐的文雅，仪表的端庄，良好的生活习惯……所有这些，能让学生终身受用的生活小节，就是我们所应该崇尚的"细节"的教育，而这教育是充满人性的，是充满爱与智慧的，绝不是硬邦邦、冷冰冰的。

其实，这本书给我留下印象最深的，是这位年轻的美国老师，是那样地喜欢当老师。他说自己原本就没打算当老师，但机缘巧合，因为小孩子的一句问话："你是我们的新老师吗？"而"无心插柳柳成荫"地走上了教育工作者的道路。或许也正因为这样，他少了很多我们教师领域的一些规则和条框的限制，可以天马行空地实施他的教学理念。看完克拉克先生的处理方法，真是由衷佩服他的别具匠心。说实话，读了他的著作，我那久已沉寂的血液似乎沸腾起来了。

当克拉克选择做老师之后，他便发现，无论什么别的工作都不可能再引起他的兴趣了，这是一种怎样的全身心的投入？别忘了，那时，他只是一个二十来岁的小伙子，他的同龄人或许还在为着虚无缥缈的自由而延续着青春期的叛逆，或许还在谈着一场伤筋动骨的恋爱，或许还在青葱校园的草地上安逸地睡着午觉……然而，他却一头扎进全纽约名声最坏的一所学校，为那些孩子们付出了全部的爱。他的爱，是全部的"投入"。这种投入，可以让克拉克老师每天一回家就开始手工做小饼干直到深夜，只为了第二天奖励学生，为学生做这样的奖品，他乐此不疲。这种投入，可以让克拉克先生在病中也坚持每天录影几个钟头，以录像的形式继续与学生交流，好让他的学生不落下一节课。不过，他的原则与他的慈爱一样鲜明。一旦当某个学生主动向他索要奖品时，他的奖励便到此终止，坚决拒绝。"我努力让他们知道，尽力做好每件事不是为了奖品，而是为了他们自己。"我们所要做的，是"帮助孩子们最终学会肯定自我奋斗的价值"。

这不由令笔者的思绪飘回到自己的高中时代，我的老师们曾经与克拉克先生是如此相像。所谓读书之乐，就在于此，可以令人忘却时间、语言与国籍，在某一个时刻欣然共鸣，又幡然领悟。

美术老师曾意气风发地凭一己之力举办全校绘画大赛，自掏腰包准备了精美的奖品，而老师一袭本白色的唐装，在校园暮色茕茕孑立的情景已经成为我们心中一幅永不褪色的剪影。记得老师常常反复宣告自己是刘晓庆的铁杆影迷，从而一举显得分外可亲与可近。

历史老师某一次咧着嘴进来，因为班平均分小超了历史记录，他欢呼着高举着一个纸盒，给大家发笔，不用说，这又是老师的"私房钱"，全班同学人手一笔。明明只是廉价不过的原子笔，却给全班带来了无穷的欢乐。那些笔颜色各异，蓝的、黑的、红的。

语文老师屡屡在课的末尾，狡黠地眨着眼睛，暗示弟子暂留，随后藏着掖着掏出一本《语文参考》，让弟子独享。临近高考，更是以一整箱的"古龙"做饵，"引诱"弟子发愤图强。

班主任同志，曾在某年的元宵节，坐镇教室，既不许本班庆贺，亦不许外出观望别班的热闹场景。窗外人声鼎沸，窗内寂静无声。

当时的笔者先是出离愤怒，搜肠刮肚种种恶毒的言辞，两眼乱箭四射，随即迫于无奈，冷下心肠，回归课本，跟着便是与喧闹声隔绝，获得某种安宁的愉悦，从此理解一个词"定力"。最后恍然忆起，班主任那一年的元宵节没有选择家人，而是选择与他苦战的学生们一同度过。

这些相似的故事一直在发生，从未停止过。因而笔者总坚信，无论时代如何变迁，人心如何不古，道德如何滑坡、底线如何崩坍、信任如何摧毁，然而师与生之间，人与人之间总会有静好的某些瞬间。

在克拉克面前，无论是作为同行还是作为父母，笔者都深感惭愧，不过也因而滋生了许多勇气，因为觉得人生重又有了一个可以追求的美丽目标。做不了克拉克先生，但是至少可以向他无限靠拢。很多时候，笔者觉得自己是跟我的学生、我的孩子一道成长，更多时候，甚至觉得他们懂得比我更多，无论是宽容还是体谅，孩子们总是很真诚。无论是优秀的老师还是优秀的父母，他们的爱，智慧的大爱，会不断滋生出那些爱的细节。

笔者非常欣赏克拉克的积极、有活力，相信这样的老师是有魅力和影响力的。学生在这样的教育理念下，可以试着慢慢找出一条属于自己的路。他们会积极、乐观、勇于认错、勇于尝试、可以在当下的社会快乐地工作、快乐地交友、快乐地品味人生。这是所有老师和父母心底的美好愿望。这条路崎岖而坎坷，还有重重的迷雾，好在，你听，前面有克拉克先生嘹亮的呼喊，我们唯有紧紧跟上，跟上……

这世界原本就是风风雨雨，重要的是如何跨越面对风雨，孩子有一天终究会离开学校，还原成一个人，马上就要去面对严酷现实的生活，所以要有生命，有伙伴朋友助力，如果拥有这些特质，就会有机会！让孩子开心一点，岁月转瞬即过，这些事不赶快去做，以后难以再做到！

附：55 条克拉克自拟的班规

1. 与大人应对，要有礼貌，有分寸。

2. 与人互动，眼睛要看着对方的眼睛。

3. 别人有好表现，要替他高兴。

4. 尊重别人的发言与想法。

5. 自己有什么好表现，不要炫耀，输给别人也不要生气。

6. 如果别人问你问题，你也要回问他问题。

7. 打喷嚏、咳嗽都要说对不起。

8. 不可以有不礼貌的小动作。

9. 别人送你任何东西，都要说谢谢。

10. 接到奖品和礼物，不可以嫌弃。

11. 用小小的贴心，为别人制造惊喜。

12. 改同学考卷时要谨慎，公正。

13. 全班一起念课文时，要看着正在念的一字一句。

14. 以完整的句子回答所有的问题。

15. 不要主动讨奖品。

16. 每天都要做完作业。

17. 换科目的时候，动作要快，要安静，要守秩序。

18. 做什么事都要有条理。

19. 老师在指定作业的时候，不要叫苦。

20. 别的老师来代课，也要守班规。

21. 课堂上发言或起身，应该讲规矩。

22. 不可以上课上一半，起身去倒水。

23. 见到每个老师，都要说某某老师好。

24. 注意洗手间的卫生，把身边的病源减到最少。

25. 让客人有宾至如归的感觉。

26. 不要帮同学占位子。

27. 同学受罚的时候，不要看着他。

28. 对作业有问题，可以打电话，没接，可以留言，但只要留一次就够了。

29. 遵守用餐的基本礼仪。

30. 吃完饭，自己的垃圾自己处理。

31. 接受别人的服务要惜福、感恩。

32. 坐校车或公车，都要坐好，别打扰到司机，并记得说谢谢。

33. 认识新朋友，要记住对方的名字，道别时记得称呼对方。

34. 吃自助餐或有人请客时，取菜不可以贪多。

35. 别人掉东西，请弯身去帮他捡。

36. 进门时，如果后面还有人，请帮他扶住门。

37. 别人碰撞到你，不管你有没有错，都要说对不起。

38. 进行校外活动时，无论是到哪一个公共场所，都要安安静静。

39. 去参观别人的地方，要不吝于赞美。

40. 全校师生开会的时候，不要讲话，要自爱自重。

41. 接电话时的应答要得体。

42. 一趟校外活动结束，要感谢所有随行的老师和家长。

43. 搭乘电扶梯时，要站右边，让赶时间的人可由左边先行。

44. 列队行进时不要说话。

45. 不可以插队；但看到别人插队不要大呼小叫，让老师知道就好。

46. 看电影时不可以说话或干扰到别人。

47. 不可以带「多力多滋」来学校（制定属于自己的班规）。

48. 有谁找你麻烦，让老师知道，不要私自处理。

49. 捍卫自己的理想，不因别人否定而退缩。

50. 要乐观、积极地去享受人生。

51. 别让将来有遗憾，想做什么就竭尽所能去实现。

52. 从错误中学习，并继续向前迈进。

53. 不管什么情况，一定要诚实，做错事就坦白承认。

54. 把握今天，不要浪费它。

55. 在你的能力范围内，做最棒、最棒的人。

四、"原味语文"与"苏派范儿"

　　王栋生说过，所谓"流派"是农耕文化的产物，是少数人的思想传播，更是少数人的政治诉求。在意识形态高度统一的情况下，教学风格、教学艺术上出现某种不谋而合的一致，是有可能的。由此可知，"苏派"教育的意义在于已经凝结了鲜明生动的教育风范，它目前可以概括出的几个特质：清简、灵动、厚实、精致，既有几千年中国传统文化浸润而成的灵性的活泼、缜密的思索，又有地域滋生的独特风姿雅致精妙、大气沉稳。

笔者所在团队，近年来一直进行"原味语文"的探究，旨在回归教学本源，体悟教学真谛，培养性灵学生，追求教学"厚积"之后的"薄发"，追求课堂"精巧"之后趋于"天然"。细究之下，"苏派"教育的"范儿"：清简、灵动、厚实、精致，与语文的"原味"：朴素的生命力，灵变的创造力，多彩的个性力，有着气韵上的"枝脉相连"。正所谓："叶叶相连便是枝，条条茎脉蕴红脂。"

德国教育家雅斯贝尔斯说："教育是人与人精神相契合，文化得以传递的活动。而人与人的交往是双方（我与你）的对话和敞亮，这种我与你的关系是人类历史文化的核心。可以说，任何中断这种我和你的对话关系，均使人类萎缩。"因此，原味语文的"原味"，其一，是课堂对话的真实，呈现一种原生态朴素而粗糙的生命力；其二，是课堂对话的互悟，激发一种原思维灵性而多变的创造力；其三，是课堂对话的多元，呵护一种原色调丰富而多彩的个性力。师与生，生与生，生与文本，生与生活，生与自己，多种声音自由发声，最终汇聚成思想的清流，从而转变中职语文课堂模式，由教师的评判加指引，变为学生的体悟与内化。将有形的空间化去，酿造一个无形的丰盈的心灵世界。

（一）呈现"原味语文"之"原生态"的朴素与质感

语文课堂是一个无限开放、生生不息的过程，倡导课堂虚实时空中的个性自由与解放，持续关注学生的"生命成长"，注重兼收并蓄、圆融共生。在课堂上，允许学生认识偏差、看法分歧，暂时存在思维盲点，教师对此进行引导、比较、分析，匡正谬误、分清是非，回归核心价值观，但绝不剥夺学生的发言权，也不会粗暴抹去学生的停滞期，更不会轻易否定学生的表达欲。有些学生独具个性、卓尔不群的表达，也许标新立异，但其中闪烁着的创新火花、寓含着的人文精神，却不容忽视。

文化的遗传，重于生理的遗传；精神的接力，重于生命的接力。

以笔者一年来的实验教学为例，在讲《多年父子成兄弟》一文时，笔者分别引入了文章《目送》《五猖会》和《孩子，你慢慢地长大》，探讨了当下学生们渴盼的两代人之间的一种良性关系。

在讲《泰坦尼克号（节选）》时，笔者引导学生从人性的角度切入，获得了意想不到的惊喜。学生对人物的点评精准生动。

评析希勤思：他是一个心胸狭隘而又极其自私的人。大难来临，他选择了退缩。那些岌岌可危的生命，他全然不顾。自私和懦弱使他变成了魔鬼。在这场生命的浩劫中，希勤思彻底被压垮。这是一个可恨之人，更是一个可悲之人。

评析杰克：在危险来临之际，他把生的希望留给了他所爱的姑娘，把死亡留给了自己。

评析罗尔："开一条路，慢慢向前，当心你的桨，别碰着他们。"表现了罗尔对死者的尊重。他不放弃，在毫无动静的水面上照了又照，不停地呼喊着。在听到有生命迹象的哨声时，立即掉转船头，去营救。

笔者也参加了他们热烈讨论的行列，评析露丝：对露丝来说，84年前的那个繁星满天的夜晚，那片吞没了无数生命的冰冷海水里，有一个年轻人曾紧握住她的手要她一句承诺。她用尽一生，兑现了这个承诺，只为诀别时，他眼中满满的期望。她活了下去，带着对杰克深挚的、永远的爱，她一直活到了103岁，并在微笑中死去。她用此后84年的幸福生活，儿孙满堂，环游世界实现了这个爱的承诺。试问，露丝的坚强和忠贞几人能及？

在讲《江城子》（苏轼）一课时，笔者以抛题与破题的形式来构成课堂的主旋律，由一个主问题延伸出若干个小问题，而且问题之间千丝万缕，前后互联，以这样一种智慧的碰撞，来剖析古典诗词，学生从鉴赏审美上升到了梳理剖析的高度，不仅发现美，更能研究美，折服于美。其中，三个主问题构成了问题链：第一个问题，你为什么对本词这么感兴趣，不如写一则推荐词？第二个问题：你发现了词人逻辑上的"bug"吗？第三个问题，如果你是词人苏轼，在这个夜晚会有怎样的内心独白呢？一个好的问题，常常能使课堂逐渐沸腾，并且越沸越烈。

（二）激荡"原味语文"之"原思维"的碰撞与融合

在日常教学中，进一步扩大原味语文的"生命磁场"，让更多的老师与学生参与进来，形成更为细致的研究体系。师生共同理解言语生命、回归言语生活、融入言语情感、激活言语体验、丰富言语想象、培植言语人格，形成一种文化自觉，文明自省。

首先，进一步加强学生社团的建设，在学校已有学生社团的基础上，发挥创意十足的新社团的影响力与渗透力。先后成立了"微光剧社""东篱诗社""涂鸦文社"。最新的活动是以社团"LOGO"设计大赛为引子，激发学生潜在的文学素养与创造能量。

微光剧社 LOGO：人们常说，眼是心灵的窗口，眼中的那点微茫，给人以力量，如同黑暗中的那一点微光，虽然渺小，却给人以无限的希望。

涂鸦文社 LOGO：笔尖轻点，色彩斑斓。一个可爱的五彩爪印，代表的是一种生活的态度。试想，一只蠢萌的小猫用踩上了颜料的小爪子在白纸上留下了一个灵动的五彩爪印，不正是一幅美妙的涂鸦杰作么？"无意"之美妙成"有意"之境。而两个字母"TU"，则是我们涂鸦文社"专属密码"和"接头暗号"。随性、自然、生机、灵动，正是我们"涂鸦"文社的趣涵。

东篱诗社 LOGO：当吟唱成为生活的一部分，当古典成为一种时髦，我们，听见东篱把酒的欢叹，诗歌灵魂的震颤。

来到"东篱"，就像打开了一把封尘于桃源的中国折扇，

随着扇面缓缓展开，清简之风扑面而来，

那是一种雅致干净、朴素低调却又有一种致命吸引力的美，

是蛰伏于诗词背后真挚的情感，

是萦绕于字里行间淡淡的韵味，

"东篱"所寻觅的，无须繁华绚烂，澄澈自然最好。

纵观以上三则"LOGO"设计，一等奖"微光"剧社的 LOGO 灵感来自眼睛里的小星星，灵光闪现，相当具有生命正能量；二等奖"东篱"诗社的 LOGO 灵感来自中国传统文化元素中的折扇，缓缓打开诗意人生，相当雅韵古风；二等奖"涂鸦"文社的 LOGO 灵

感来自生活中"喵星人"的脚印，无意间的幻彩，相当俏皮西洋化。学生们的灵妙创意令人惊叹，也许，他们缺少的只是一个小小的"点燃"。

与此同时，这些学生社团也成为语文课堂的最佳"衍生"，彻底打破了日常课堂的"栅栏"，令生活中的每一处每一刻都成为潜在的语文课堂，每一个学生都在自己合适的领域成为学习的主体，享受学习与分享的喜悦。

"微光"剧社与"东篱"诗社分别在市艺术节、校园舞台剧、省演讲大赛中夺得一等奖，"微光"剧社的经典莎翁"折子戏"，"东篱"诗社的原创作品在"南信大"进行了展演。"涂鸦"文社则在江苏省"苏教国际杯"中学生现场作文大赛、全国中小学生书信大赛、海门市中小学生现场作文大赛等赛事中，先后获奖，并且在《海门日报·教育周刊》发表作品20余篇。他们利用假期完成的原创手札"我的暑，我的书"，进行了公开评比，佳作迭出。

丰富多彩的学生社团，从文本中汲取营养，又辐射到校园生活。学生自主策划、排演、成功举办了"成语接力""古典与现代"等大型活动，得到了全校师生的一致赞誉。学生对语文，对传统文化，越来越感兴趣，也越来越理智地热爱。

（三）回归"原味语文"之"原色调"的本质与多元

当下语文界，各种语文流派纷杂热闹，仅以笔者所在苏中区域而言，就有"文化语文""情意语文""诗意语义""智慧语文"等，有些已经开枝散叶，自成气候，打出了自己的招牌。语文教学万变不离其宗，任何一种所谓的流派，都与语文学科的特质"情"

与"境","文"与"法"脱不了干系，因此，流派的名头五花八门，其本质的追求依然大同小异。

"原味"的含义是滋生与延伸，内敛与绽放，与道家的"一而十，十而万"相似，拥有春风化冰的无限可能。其一，不加雕饰，"素颜"呈现；其二，重在感悟，自由想象；其三，回归"底板"，彰显个性。而所谓个性，既可以素淡含蓄，也可以热烈妩媚，更可以激情壮怀。

语文教学自然要遵循学生的身心规律和课程本身的逻辑秩序，但这实在只是形而上层面的一种规约，具体到每一堂课、每一个文本的教学，则是不应该也不可能有凝固的模式、刻板的程序的。语文教学，总是在"熟悉"和"陌生"的两极之间寻求陌生的视野和蓬勃的张力。陌生，意味着对教学结构的平庸化和模式化的自觉颠覆。因而，文本的挖掘，依然是语文教学的根本，而教师找寻合适的突破口，来打开学生的思维闸门，就显得尤为重要。

以当下"互联网＋"的大背景而言，传统课堂不断受到信息化课堂的冲击。然而，信息化教学手段本质上是一种工具，而这个工具的开发设计应该受制于语文教学实际，而不是语文教学受制于这个信息化工具。

在网络时代，如果一味地追求所谓的个性解放，释放天性，是不切实际的。试问，学生在假期、周末从手机、平板电脑等信息终端接触到的是什么样的信息？他们进行的又是什么样的交流？毋庸讳言，其中，相当一部分是娱乐八卦，是各种低劣庸俗的段子，是各种晒，各种表情包，各种 P 出来的美图，各种荒诞不经的奇葩故事，还有各种铺天盖地的微商广告，甚至夹杂着不少谣言与假新闻。网络信息平台很大程度上已经被娱乐与商业霸占，被物质气和铜臭味污染。原味语文所追求的"原色调"，绝不是这种不加掩饰的，大放厥词与盲目跟风，碎片化与迟智化；而是深度思考与独立判断，兼听则明与坚持自我，不断调整与不断提升。

当然，如果能正面利用网络的优势，确实有意想不到的拓展思维的优势。网络最大的优势是有利于思维的迅疾高效多重的碰撞。部分学生不擅长面对面的口语表达，但在网络虚拟空间，他们却可以畅所欲言，迸发出许多智慧的火花。对这部分学生而言，感谢有网络，可以给他们提供另一种表达的模式，实现师生互动和生生互动。而且，利用信息化平台，课堂讨论可以不断深化，还可以随时反刍，实现智慧留痕，思考叠加。然而，如果运用的手段太庞杂，自然会削弱课堂本身思维的力量。所有的平台，只有在运用中才有价值，所有的互动，只有在交流中才有意义。

"原味语文"之"原色调"是"活着的"，不断变化的，固然有浓浓的情流淌在其间，深深的爱蔓延在周围，然而，其中更有冷静的研判，理性的审视，自我的反思贯穿始终。这样一种无法定式也不能定式的语文课堂自然拥有丰富多变的各种形式。

笔者以为，在探究"原味语文"的"原味"过程中，深觉苏派教育的"大"与"小"，都与"原味语文"有着某种灵魂上的契合与追求上的同频。以"大"而言，语文教育教学落在人文教育上的基本两点：一是学生能够充分领略中国语言文字的美，进而领略中国传统文化的美；二是学生的生命呈现出一种人文悲悯的亮色，对真善美的追求有一个好的底子。而高中阶段语文学科的核心素养，则主要体现在以下四个方面：语言建构与运用，思维发展与提升，审美鉴赏与创造，文化传承与理解。这就意味着中职语文学科的使命，也将侧重于学生的终生发展，侧重于传统文化的积淀与创造，而中职语文课堂的内涵也将越来越广阔和深远。如此说来，语文课堂应当成为语文教学的一个"中转站"，既要密切观照课前，更要辐射延伸到课后，形成学习与生活的"连锁反应"。

以"小"而言，庄子曾言，朴素而天下莫能与之争美。此言亦适合当下的中职语文教学。时下，常常看到听到的，或者是声光电色，技术压倒"语""文"；或者是叠床架屋，方法成为"炫技"；或者是故弄玄虚，"概念"挤压"理念"；或者是胶柱鼓瑟，艺术蜕为"形式"。其实，理想的中职语文课堂，应该是朴素的而不是花哨的，本色的而不是奢华的，真诚的而不是做作的，融合的而不是喧嚣的，沉静的而不是浮躁的，生成的而不是刻模的，变化的而不是静止的，个性的而不是夸张的，谨严的而不是虚幻的，充实的而不是单薄的，涵养的而不是窄狭的。

"原味语文"下的"原味课堂"，力求教学语境与文本语境相契合，没有渲染和煽情，没有表演和炫技，也没有什么标准套路与既定招式，沉浸文本，紧扣语言，洞察心理，直击心灵，删繁就简，简洁洗练。

热点锐评

一、教育理想

在这个思想成为碎片，精神化为灰尘的年代，重拾教育理想，无疑成了新一代师者的内心召唤。

对于一个完整的课程，我们最终达到什么目的？我们想让学生三年内获得哪些东西？对于不同个性的学生，在共性的价值追求下，他还该有何种独特的生长方式与权利？或许这样的问题不该留给那些在教学一线为繁琐所困的实践者，但是，对于教育理想主义者，这是必须解答的核心问题，这决定了他们今后前行的姿态、速度与方向。

一边是美国的孔子学院被单方面喊停，一边是大山深处的私立精英学堂悄然兴起，两者间有着某种微妙的关系，前者或许是惧怕"儒学"的逼近，后者或许是期待"儒学"的回归，无论哪一种，都是中国传统文化静寂的呐喊。

有人说，光明前进一寸，黑暗便后退一分。那么教育之意义就在于传递光明之微光，驱散黑暗之庞躯。这光是人性之微光，思想之微光。

因而，有游侠一般的人物与时下顽固的应试教育体系抗衡，近年来的高考，很多小孩涌进了"留学潮"，选择远离远行，不愿苦守在高考战壕里拼力厮杀，放弃已经累积的寒窗岁月，有的早早得到了国外知名学府的奖学金，开始筹划崭新的生活；有的花费了大量的积蓄，毅然决然奔赴新程。

"最美女教师"张丽莉的故事曾一度成为大众焦点，有一个时期，每日的报纸上，都有她身体状况的最新报道密集播报可达24天，远胜于任何一位明星，或许这热度会蔓延到年末。网络时代，信息惯常于铺天盖地，我们只要一打开电脑就会有大量的信息传来。张老师正是一个拥有教育理想的老师，网上流传的她的三篇演讲稿，文有一股纯然之气，可谓文如其人。她临危大义的瞬间震人心魄，她对学生的深爱毋庸置言，她的美丽早已被大众熟知。

现在对于比较突出的教师，大众一般都会给予他们"最美……"的称号，"最美乡村女教师""最美女教师"，随着发展此后还会有"最美男教师""最美城市教师""最美义务制教育阶段教师"……。看着目前为止动了三次手术，身体与医用管子为伍，秀发不翼而飞的张老师在镜头前微笑着做出"V"字型手势，我们不免为她婉惜，同时也敬佩她的大义与坚强。其实，张老师也是可以宣泄自己的情绪的，无论是在镜头内外，敏感的她依然可爱。

灵魂是先于理智的存在，没有了理智的禁锢，情感也会面目全非，遍体鳞伤，因为这中间会有欲念的妄为与肆意。

张丽莉无疑是一位传统意义上的良师，一个心中充满爱和勇敢，对职业近乎痴迷的老师。如果学生在他们的求学生涯里，遇上一位或多位良师，多少以后也会生出许多热情的莽撞的执着的理想，信任周围的人，信任周围的世界。

这种时候，妄谈教育理想或许不合时宜，不如就谈谈良知与灵魂，能坚守良知，灵魂丰赡，可以说每个良师都必备的。昨天，小儿的校服发下了，班主任的短信也到了，嘱咐我们家长将校服给孩子穿上，她好一个一个看过去，是不是合身，不合身的想办法调换。儿子班上有50位孩子，一个一个看过去，在班主任的心里，这些孩子应该每一个都是金贵的。这样一种朴素的情怀，恐怕正是师者温柔的地方。我们中的许多人，都会有我们自己的温柔时分，那些小小的瞬间也可以温暖学生很久。

二、"工作室学校"在中国行得通吗

"工作室"一词源于欧洲文艺复兴时期"工作室"（Studio）的概念，那时工作和学习的地方是结合在一起的，许多著名的艺术家，如达·芬奇、拉斐尔和米开朗琪罗早期都是在这种教育模式中学习的。如今英国的"工作室学校"试图将这种断裂的传统，重新应用于21世纪的中学教育之中。它颠覆了当前传统概念中的学校的定义以及运转模式，已经不仅仅是"小班化教学"，而是一种"个体化教学"，相对来说，教育成本增加，但教育模式灵活、多元。对职教人来说，"工作室学校"的成功，至少有以下两点触动。

一是在"温水效应"的日常课堂面前，我们有没有勇气做出全新的改变。

职业学校的学生原本就是学校教育的"边缘人物"，他们早就对相对封闭、难免枯燥而又冰冷考核的学校教育充满抵触情绪。时下的职业教育又偏重于技能而忽略了学生文化素养的培养与提高，毕

业出来的学生能够生存却很难谈得上懂得生活。日常的职教课堂，形同于一潭温水，培养的是"群"而非"个"。

与之相反，"工作室学校"摒弃了"择优录用"的概念，而是为每一个学生量身定制"个体发展规划"，在学生培养上舍得花血本也舍得花时间。它的神奇之处就在于让每一个学生都找到他们最合适的位置，发挥他们最大的潜力，培养出各类专业精英。正如白居易所言，"人间无正色，悦目便为殊"。

我们需要更多像"工作室学校"这样的新理念，尽管这样的探索会面临着重重障碍，比如，资金不足、得不到主流社会的接受、因触动某些人的利益而受到压制等，但是只有这样的探索，才能为教育事业带来希望，才能为更多的家庭与个人带来希望。从某种程度上来说，这样的创新是以人道主义思想为支撑的，其背后的精神动力是永远不放弃自己，也永远不放弃他人。

二是在仰慕西方先进教学理念的时候，我们有没有回眸传统的教学理念。

"工作室学校"的概念，其实并不是英国首先提出来的，在理念上它其实就是"学习即生活""社会即学校"的表达。陶行知先生早在 1931 年，就在如今的宝山区大场地界，建立了山海工学团。若秉承陶行知先生的教育理念，对很多的青少年问题、教育问题会有很大的帮助。有些时候，陶行知先生就像教育界中的梁思成先生，被高高抬起，却束之高阁。早年的中国梨园行也有"工作室学校"的影子，梨园弟子的培养讲究一师一徒，数十年光景不仅培养一个角，也延续一个行当。

其实改变与创新很简单，只需要行动起来。当学校精心呵护学生的双翅之时，每一个学生就有了更多的选择，也有了自由的明天。

三、职校生究竟能走多远

如果中等职业学校的一名毕业生，能够进入某家知名企业就业，依照我们职业教育一般的评判标准，毫无疑问这名学生属于职业学校的"优生一族"。然而，他的未来会如何？有可能会发展得很好；也很有可能在下一轮人工智能热潮下被淘汰，这清晰折射出当下职业教育的某些隐性问题。

比如说，职业教育中的精英教育问题；

比如说，职业教育的终身学习问题；

比如说，职业教育的人才后继培养问题。

为什么到了某个阶段，职业教育培养出来的学生常常止步不前，很难突破？

为什么职业教育培养出来的学生，常常勤勉有余而创新不足？

为什么职业教育培养出来的学生，大多是打工好手，却很少成为企业精锐？

很长一段时间以来，国内的职业教育大多培养的是技能型人才、流水线人才、金字塔的底端人才，让我们的学生有活干，有单位接收，有一份不算低的工资，有一种安心本职岗位的淳朴意识。

无形之中，限制甚至堵塞了职校生向上发展的欲望与机遇。

培养格局依然局限于传统企业的需求模式，并没有和新兴企业、跨国企业等接轨。因而，我们的职校生不适应工作中的跳板，发展中的良机，管理中的变化，似乎走入了自我发展的某种"断层"——

我们的职校生未来究竟能走多远？

从目前来看，很多职业学校越来越重视学生的职业生涯规划。

然而是否真正站在学生的终身发展的角度来设计这份职业生涯规划？

是否针对每个学生的个性特点，与企业共同来设计这份职业生涯规划？

如果没有规范、细致、延展的系统要求，所谓的职业生涯规划可能只是一纸空文，终究流于形式。

此外，职业学校应该开设相关的职业培训课，积极引入大型企业最新的管理模式，真正与信息时代接轨，进而培养我们的学生具备超越自我的勇气、适应变化的闯劲。

四、"小而美"是否会沦为"短平快"

以职业学校农学专业为例，作为一门小专业，一直是职业学校里对外"被误解"的"冷专业"。选择这一专业的学生寥寥，性别也是一边倒，大约90%都是女生。

无疑，作为一所高职院校，农学专业的就业是美好的，令人鼓舞的。然而，高职院校有其自身的局限性。

其一，如果不是高职，是中职，那么中职目前是否有这样的创业实力？无论是硬件还是软件，以一家职业学校而言，很难达到"要钱有钱，要人有人"的级别。当然，如果中高职携手，可能会创造更多的创业机会和发展可能。

其二，无论是"热"还是"冷"，职业教育都存在着一种大家共知的"隐患"。教育，本来就不是短期效应，它的影响与渗透是长期的，缓慢的，无形的；又是深刻的，恒久的，多变的。职业教育是不是要特别讲究所谓"实效"呢？如果某专业不能在创业层面"立竿见影"，是不是就意味着这一专业前路渺茫，甚至再没有存活的必要，很有可能被"腰斩"呢？如果打着"现代"的旗号，却只是关注哪些专业有盈利或者致富的可能，而将传统专业"一棍子打死"，导致有些古老的专业"灰飞烟灭"，那还何谈职业传承与职业品质呢？

其三，如果一味地赶"时髦"，是永远追不上"时髦"的脚步的。同理，不能一味地迎合"社会"的需求，否则，永远跟不上"社会"的脚步。

理想的状况，无非是对职业学校而言，真正做稳、做强、做优几个专业，而不是盲目无序地变动专业设置；对职业学校的学生而言，真正从兴趣出发选择专业，而不是从趋利高效出发。否则，"小而美"的"创业教育"，兴盛一时，也终将沦为"短平快"的"闪退教育"。

五、匠心如何重拾与重塑

当下企业领域职业精神、职业素养可能不如从前，"匠心"的重拾与重塑显得尤为紧迫与重要。

从西安兵马俑、敦煌壁画，到宋瓷与明代家具，甚至杭州的张小泉剪刀、天津的泥人张彩塑，都是匠心的独造。自古以来，中国的工匠们，极为注重商家的"脸面"，用娴熟的技艺、可靠的质量、谨慎的买卖来赢得口碑，有时甚至将自家的手艺看得重于生命。"和氏璧"的故事，讲的就是识玉琢玉的高手楚人卞和，几经酷刑，依然不改初衷，用鲜血诠释对技艺的自信与坚守。而那些老字号的商家店铺之所以几百年屹立不倒，靠的就是"仁信"二字。换句话说，也即职业精神与职业操守。

一些商人重利，然而，一味追求短期效益，鼠目寸光，只有坚持品质，诚信待人，才能获得企业的长远发展。那些用几年时光手工定制的珠宝或包包，为什么能达到流水线上的产品永远无法企及的高度？就是因为"慢工出细活"，那些艺人是在用匠心雕琢，每一件产品都凝结了他们的心血与智慧，比流水线上的产品，多了温度，也多了灵性。但是这样一种近乎神圣的匠心，却渐渐被忽略了，一些企业，将利润摆在首位，一旦打开了市场，此后的产品大不如前，也因此，成为昙花一现，很快就在行业里销声匿迹了。

职业学校的学生，毕业之后，大多会走上生产第一线，除了要拥有职业归属感，更重要的是要有将小事做到极致的职业神圣，用追求完美的心态来对待自己的工作，练就一门看家绝技。以前读叶圣陶先生《景泰蓝的制作》，就对文中描绘的工人们惊叹不已。他们将琐细的工作处理成了艺术，将自己隐身在产品身后，虔诚而庄严地日复一日简陋地工作。每一个环节，每一个零件都毫无瑕疵，才有最后精美的成品。如果，我们职业学校的学生，都能像《庖丁解牛》中的那位"庖丁"一样，即使解了上千头牛，依然以"初心"

对待下一头牛，用恪守规则的职业态度，追求精湛的职业技能，崇尚完美的职业精神，来换得无法言说的职业愉悦和职业成就，那么，他们的职业生涯不仅拥有快乐，而且能不断发展，不断提升。

意大利的法拉利公司每年的跑车生产量都很少，它追求技艺的巅峰境界，因此，法拉利也成为全世界的跑车之王。日本的某寿司店，厨长要经过20来年的帮厨生涯，才得以晋级，他的"做好每一个寿司"的理念，令这家小店盛名不衰。

这些或大或小企业的神奇，无不与其职业素养与职业精神的传承有密切关系。面对职业学校的未来匠人，我们更应该培养他们的"匠心"。耳提面命，亲身体验，持续熏陶，都是好的途径，但最根本的是从思想上扭转他们的既成观念，从"谋生"到"创造"，从"被动工作"到"享受工作"的质的转变。

六、第二个"平度"在哪里

2018年职业教育国家级教学成果奖颁布，全国中职学校获得的首个特等奖花落山东省平度市职业中等专业学校。此奖一出，至少在职教界震动不小，而"平度"大概也会成为网络"热搜"，而且会"热"上一段时间。然而，然后呢？会有第二个"平度"诞生吗？

"30年来，我们以'双元制'改革为支点，牢守'根植农村、服务三农'的办学理念，把办好'农'字号学校、服务和引领'三农'转型升级作为提高学校整体服务功能的根本。"该校校长朱凤彬这样介绍"平度"。汉斯·赛德尔基金会前中国处处长于尔根·维尔克则表示："这是基金会在华 13 个项目中唯一为农业培养人才的教育项目，而且也是建立最晚、发展最快、规模最大、办得最好的示范项目，是德方在华的明星项目。"

为什么是"平度"摘取了国家职业教育教学成果奖的最高奖？我们可以从"平度"身上学到什么？"平度经验"又给中国涉农职业教育改革、职业学校区域服务能力提升、国际经验本土化以及职业教育校企合作以什么样的启发和思考？

显然，"平度"获奖，绝非一朝一夕之功，其背后是持续了 30 年的"精耕细作"，可以说厚积薄发。不同于"朝三暮四""朝令夕改""三分钟热度""跟风随流"等乱象，"平度"，贵在有"恒"更有"谋"。

光"恒"这一点，就实属难得，"平度"的教学核心其实并不稀奇，大家都知道也都在借鉴的德国"双元制"，"农学合作，工学结合"，但"平度"并不笼统地照搬照学，而是因地制宜，吸收"双元制"的精髓，结合自身实际，不断完善，注重融合，删繁就简，在实践中趋向成熟，所以学校的建设项目才成为了"一贯挑剔"又"善于挑刺"的德方眼中的"明星项目"。试想一下，如果"平度"当初浅尝辄止呢？如果"平度"也一味赶时髦跟风呢？

更可贵的是"平度"有"谋"，正所谓谋定而后动，目标确定之后，一切手段都是为了实现目标，朝着终点进发。所以"平度"当用则用，当改则改，当引则引，当创则创，将"有利"化为"更有利"，变"不利"为"有利"，没有条件创造条件，使得双元制中的"企业"一元与学校"一元"，共同发展，共同壮大，形成了地方与学校的"合二为一"。"平度"一开始为解决实训环境缺乏的问题，学校师生自己动手开发荒滩 100 亩，建立起实验农场——"北河农场"。后来随着合作项目的不断深入，学校引进德国生产标准和先进技术设备，建立了"三场五中心一基地"：奶牛养殖、原种猪繁育、种植示范教学试验场，乳制品加工、果品加工、肉制品加工、西式面点加工、农机示范培训中心和一个全国生物技术示范教学实训基地。这些企业性实体融实习、生产、经营、服务、就业为一体，既为学生提供了便利的实习实训基地，又创造了可观的经济效益。学校还孵化出 2186 个养殖场、家庭农场和农产品深加工厂，在学校的长期技术支持中，它们也成为"双元制"模式中稳定的企业"一元"。

一个可持续发展的项目，才是有生命力的项目，"平度"的"拓疆扩土"，不仅巩固了学校这块"根据地"，更在校企合作中赢得了更多的话语权和行动权。不是形同虚设的"挂牌"基地，"平度"用实力证明，与地方企业合作，学校自身的价值和能量究竟有多大？行动力有多强？又有多少不可估量的发展潜力？很多职业学校在校企合作的项目中，一味服从企业需求，走短平快路线，或许短时间内有一定的成效，而且成效颇快，但却不能持久，更容易陷入被动。因为就学校发展这个长远层面，没有比学校自身更为清晰和明确的"另一方"，只有学校自身才最清楚自己的短板与长板，也只有学校自身，才会深层次考虑学校的发展前景。如果仅仅满足于服务于地方，服务于企业，学校自身的生命力必然会打折扣。学校与地方与企业之间的关系，应该是良性的双向互动，互为影响，互为融合。学校在专业的选择、设置与调整上，理应是"决策者"和"发言人"，在共同经营的"教育股份"中占"主要份额"。如此，优秀的企业文化可以渗透到学校文化中来，而学校文化在吸纳的同时，必然是独立的个性化的可传承的。校企合作的内涵，正是"合作"二字，彼此都没有从属关系。校与企是分工不同的同一支团队成员，建立起来的是长久的联盟关系。"平度"不仅考虑当下，更在谋划未来。

不妨再来研究一下"平度"未来学校发展规划中的三大中心："中德乡村可持续发展试验示范研究中心""新型职业农民培训中心""全国县域职业学校涉农师资培训中心"，这三个有既紧密联系又各具一局的方向，分别与国际接轨，与区域同频，与师资挂钩。可见，"平度"在扩展外延与提升内涵上，始终坚持并举共升，创造特色，由此，这所学校未来的竞争力和发展力也就可想而知。

纵观"平度"，走得早，走得稳，走得活，化各方力量为己用，搭桥架路，铺云叠彩，吸收、融汇、创新，在小项目上走了一盘大棋，越走越精彩。

"平度"火了，但"平度"所求不在"借火"，而在"自燃"。而我们其他职业学校，借鉴"平度"，借鉴的是"理念"。一所学校，首先要有自己的立校之本，发展之源，才有足够的底气，不至于邯郸学步，而是自成一家，家业兴旺。

七、被动教研 or 主动教研

每一个教师，从他参加工作的第一天起，就已经身处于教科研的氛围之中，只不过这种被动式接受的大多是常规性教研。类似"教学检查""推门听课""民意测评"等，老师们都很熟悉，这种常规性教研注重的是教师的技能考核，却并不能全面观照教师的专业发展。从学校层面而言，最好老师们都是这种服从、规范、接受型，这样比较有利于学校管理、教学秩序。然而，长此以往，缺少"声音"的学校终将流于俗套，后劲不足。

如何令教师的被动教研转变为主动的个性教研？首先，理性而言，应该是被动教研与个性教研相结合，内外催化，纳吐并重，外锤内酵，以求质变。

具体而言，第一关是"实地教研"，可以用一个词"画地为牢"来诠释。

一线教师完全可以把"日常课堂"作为原阵地，精耕细作，成一方"土豪"，用"画"的精心与精致，蛰伏于课堂，进而引燃"爆点"，将自己的"一亩三分地"捯饬得山清水秀、鸟语花香。维特根斯坦说："我在地面步行，不在云端跳舞。"而课堂就是我们教师的地面，所有思想的枝桠，都取决于这块土壤是否坚实而丰厚。教育，应该是接地气的朴素教育，旨在让我们的学生成为拥有丰富人性、生活质感、无限创意的"新新人类"。只要你拥有一个班，你就拥有教育教学的无限可能。一个远离课堂的教师是没有专业发展的底气和火力的。教师只有"泡"在课堂，才能渐渐品出教学的"香气"。

一线教师，往往有非常扎实的教学实践，然而，有些时候，教师为了追求班级"面"的提升，往往会忽略学生"点"的变化。为了捕捉教科研的想法，教师撰写教学札记是很有必要的，每天记录，长短不论，这些虽然都是一闪而过的灵感之痕，但把它们积累起来，就是你上公开课的桥段，就是你申报课题的选题，就是你写学术论文的契机。是什么可以令一位师者永远保持热情？唯一的答案，就是课堂，而且是流水式的变幻一茬又一茬学生的课堂。在这个神圣而奇妙的地方，不仅学生在成长、收获，教师自己也在成长、收获。

课堂的精彩之处，还在于无法预知和无法复制。教师可以在公开课上进行一次破釜沉舟，前所未有的教学尝试，挑战自我，挑战传统。对一个优秀的教师而言，每堂课都是一场"战役"，都要讲究排兵布阵，历练多了，"战术"就自然会上升为"战略"。

思考的课堂趣味无穷，而学生永远会反馈给你更多的惊喜。任何一处课堂，学生都以享受、投入的姿态沉浸其中，便是教学的价值所在。

很多时候，只要教师敢想，他的课堂就能呈现。方寸之地大有乾坤，小小讲台亦是渡口。活的课堂，会不断滋生新的问题，也就自然而然成为教科研的酵母。而反过来，教科研又能促使课堂进一步优化。

实地教研丰厚扎实之后，就能跃升教科研的第二关"理性教研"，也可用一个词来形容："管中窥豹。"

一线教师随时谁地都可以展开的教科研，除了日常课堂的课题，就是由课堂延伸出来的课题。有价值的课题是可以持续升级研究的，有人一辈子研究"红学"，有人一辈子研究"$1+1=2$"。

我们的教学，如果失去科研的支撑，就是一地的琉璃，看着华彩，却没什么大用。当下的课题研究确实存在着"短板"：其一，"神龙见首不见尾"，课题"失踪"或"腰斩"；其二，"主持人孤掌难鸣，成员散兵游勇，课题面目全非"；其三，选题意义深奥，难以开展；其四，选题过大，无从下手，变成"传说"。

然而，一个教师如果从不去尝试做课题，就会一直陷入教学思维的零散状态，始终在半明半暗中徒劳摸索。如果我们转换视角，对课题从"仰视"转为"俯视"，就会发现"玄而又玄"的课题就在我们身边，甚至我们已经在研究却尚不自知，究其缘由，教学中少了捕捉、提炼和反思。

教师的课题研究不必追求"高大上"，大可以"信手拈来"，从切口小、内容新、周期短的"草根课题"开始做起，蔓延而进，攀援成林，绿满群山，渐渐形成一个系列，或者一个主题。只要扣准了专业发展的脉动，自然会挖掘出有价值的课题方向。

我们要做的，就是把所积累的课堂原始素材分门别类，淬炼成"煤"，发光发热，让教师的个体智慧融合滚动，凝聚成神，让课堂成为教师成长的"首发"，让教研成为教师成长的"东风"。

第三关则是"团队教研"，也可以用一个词来概括，叫"思接千载"。

这里的团队教研有两层含义，一是真人版，一是虚拟版。其实，这两种教研也是交相融合，互为补充的。

真人版的团队教研，有多种形式，年级组、学科组、青蓝组、名师工作室，校际联盟、教育区域联合体、教研基地等。无论哪一种团队，都是具有志同道合之人，彼此切磋，多向交流，互相借鉴，共同学习。

个体难免有懈怠、困惑与焦躁，而在团队中，则有目标，有榜样，无形中形成一种斗志，想在团队中体现存在感。

个体难免有窄狭、偏见与误解，而在团队中，会有思维的撞击带来思想的清明、观点的扭转、理念的重塑，个体因而也会变得更加强大。

虚拟版的"团队教研"，则是一种无限的可能，借助网络的力量，打开一个新世界，实现海量共享、集中搜索、公开展示、多方碰撞。今后，一线教师即使留在家里，也一样能获得很多的各级各类培训的机会。

你可以随时随地跟专家、名家面对面交流，你的教科研视野与格局会豁然开朗；

你可以依照个人偏好对优秀案例进行"临帖"式学习，反反复复一遍又一遍地咀嚼；

你可以最大限度地找到与自己志同道合的"友军"，能够加入相同或相似教学理念或主张的"圈子"，教师会很有归属感和快乐感；

你可以在最快时间解疑释惑（网络的信息量惊人，如果擅长筛选，自己有足够的判断力的话）；

你可以无所顾忌地发表自己的意见。网络时代，实名与匿名都可以，网络的优势胜在"百家争鸣"，可以公开争辩；

你可以在"反刍"的同时进行"雕刻"，进一步追求教科研的细致化和微格化；

你可以"自由出入"，在各大网站进行串班听课，旁听与注册入班都可以；

你可以免费品尝，发表自己的看法，进行评论。

当然，网络时代，最怕"虚假繁荣"，网络教研，也难免隐藏着一些不足，比如，内容庞杂无序，原创水准低下，资源残缺不全，课程良莠不齐，评论水分太多，线上网路拥堵。这些问题，有待进一步解决，网络教研，毕竟不是简单的"流量叠加"，而应当是优质共享、深度碰撞、反复检验、定格审视。

从教师个体而言，工作中已经在参与网络教研，教师们需要注意分享的时间节点与一定尺度，判断分享的受益群体和受益权限。

而经历了以上这三重境界"通关游戏"的磨炼，教师就可以开始焕然一新、游刃有余而又贯穿始终的"独立教研"。懂得筛选甄别，学会冷静理智，敢于突发奇想，擅长提炼反思，厘清科研的得分点，进而可以打造教学的专属色彩。

其中，参加比赛就是一种不错的"教研练习"。在比赛中，可以尽情享受竞技快感，尽情施展奇招异招，尽情释放紧张凝重、雀跃刺激、心跳狂喜、沮丧懊恼等重重叠叠的情绪，完成自身教科研大刀阔斧的变革，而一颗酷爱"课堂"的心灵，则会变得更加强大。

在教科研的过程中，教师直面教学中存在的症结，思索职业教育未来的变化，探索不同的课堂教学模式，持有更为全面的教科研态度，如此，教师就真正从被动教研，进入了海阔天空的主动个性教研。

八、教师意义所在

社会历来对教师的精神层面要求高，教师们将琐碎与冗长的生活弹出了温馨与快乐的音符。他们日日固守着讲台，给一届又一届学生带来关于学校的温暖回忆。他们坚守着"师爱"，这爱比起人世的其他爱多了一份理性与韧性。

从孔门弟子三千开始，中国历来就有其乐融融的师生"从游"态势。教师大都把自身职业当成了生命重要的一环，他们始终坚守在教学一线，无论是新丁还是老将，似乎都手执化腐朽为神奇的教学魔杖，他们挥洒的光芒只是微小的一簇，他们成功的点滴只是琐碎的小事，他们恳切的言语只是简单的絮语，然而，却分明有一种无形而强大的力量在蔓延、伸展、席卷……

巴尔蒙特说："为了见到太阳，我来到这个世上，即使天光熄灭，我也依然歌唱，我歌颂太阳，直到生命最后的时光。"这真是一种纯粹的理想主义。师者的身上，也有这种理想主义的光芒。真正的师者永远秉承纯正的品格，并且让它无声地生长，直到更多的人闪出光亮，更多的人热烈燃烧。

更多优秀教师的涌现，除了教师的个人修为，与生长的空间也有关系。一所学校在评选优秀教师时，应该关注整个教师群体，让他们的精神恒久地存于校园，沿袭下去。如果只用业绩与勤勉来衡量老师，就少了个性与神韵。大可让教师各擅所长，当"一百单八将"都能拥有被尊重、被承认的感觉，都能以自己的专长作为基点不断成长，那么教师也会成为"教师达人"。

文化缺失的教育教出来的学生有可能会缺少情怀。一所优秀的学校，应当以品化人，以德立人，以文养人，处处氤氲着文化的生机，浸润着文化的精神，活跃着文化的灵魂。教师大多拥有一种天然的淳朴之气，他们影响学生的是做人的品性，处世的态度，生活的方式。

校风校训

一、一块石头的故事

类似"校训"的概念，其实，在中国早已有之。远在五帝时代，已有"成钧之学"（主要为乐教）；唐虞时代有虞庠之学（敬老教育）。自从出现了书院，书院订有"学规""学则"，明确办学宗旨、为学次第、治学方法、求学守则。朱熹拟写的《白鹿洞书院揭示》，对书院教育的目标宗旨、教学的基本要求等都作出了明确的规定，可以说是书院建设的纲领性文件。20 世纪初，一大批新式学堂应运而生。新式学堂受中国传统文化的影响，校训无不摘自古代文化典籍。

"校训"，自然是一个学校的灵魂，体现了一所学校的办学传统，代表着校园文化和教育理念，是人文精神的高度凝练，是学校历史和文化的沉淀。"校训"，不仅是学校师生共同遵守的基本行为准则与道德规范，也是一所学校对外展示的窗口。海门中专的"校训"是什么呢？它又有着怎样的寓意呢？

在海门中专，褐红色謇翁楼与謇公楼两幢教学楼的交界处，有一片刚刚成林的樱花林，每到春天，校园这一角就成了粉色的海，细细的花瓣如雨般微微洒落在青绿色的草坪上，星星点点，美丽极了。这里是师生们时常驻足的地方，草坪上还有一块硕大的石头，苍黄的底色，正面篆刻着四个红色的大字：尚德精艺。这正是海门中专建校以来一直秉承的校训。这四个字，有渊源，有深意，又有无限的期望。

"尚德"出自《论语》"君子哉若人，尚德哉若人"，意为"唯真至善，敬业修身，品德当先"，此乃为人之本。"尚德"二字既秉承传统文化之精髓，又与"立德树人"的时代要求一脉相承，旨在引导师生将积累德行，求真求善作为治学求学的前提基础，作为立身社会的始终要求，作为追求个人幸福的生活方式。

"精艺"源于《周礼》"养国子以道，乃教之六艺"，意指个人安身立命之技。"精艺"二字传达出"有业"之必要，凡职业没有不值得尊敬的，同时又十分强调"学艺精通，技术精湛"。

"尚德精艺"包含立身、立业两大主题，是"大国工匠"的核心要义，"尚"为神，"德"为首，"精"为度，"艺"为本，是海门中专人共同的精神主线，也凸显了学校育人的总方向。

二、做最好的自己

学校的"校训"字简意丰，学校的"校风"也只是简简单单的一句话——"做最好的自己"。这句话源自美国的一首小诗《成为最好的你》，作者是道格拉斯·玛拉赫。他在诗中写道：

如果你不能成为山顶上的高松，那就当棵山谷里的小树吧，但要当棵溪边最好的小树。

如果你不能成为一棵大树，那就当丛小灌木；如果你不能成为一丛小灌木，那就当一片小草地。

如果你不能是一只香獐，那就当尾小鲈鱼，但要当湖里最活泼的小鲈鱼。

我们不能全是船长，必须有人也是水手。

这里有许多事情让我们去做，有大事，有小事。但最重要的是我们身旁的事。

如果你不能成为大道，那就当一条小路；如果你不能成为太阳，那就当一颗星星。

这首小诗说得多好，"我们不能全是船长，必须有人也是水手"，船长只有一个，做水手就应该做一个快乐的水手。找到自己适合的位置，在自己能力范围内将工作做到最好，将人生过成最好，做最好的自己。

学校的"校风"，又与古典名言"青，取之于蓝而胜于蓝"神韵暗合。无论你是老师，还是学生；无论你是师傅，还是徒弟；无论你是青，还是蓝；所有的蓝都曾经是青，所有的青也都将变成蓝。每一片蓝都会记住曾经的那一片深深的青，每一片青都在向往远方的那一片蔚蔚的蓝。

"做最好的自己"——这是每一位师生对自己提出的一个期许，这又是每一位师生对自己许下的一份承诺。相信同学们都能成为最好的自己。

三、学生因我而精彩

海门中专的每一个老师，不论教龄长短，个性相异，心里都有同一个期盼：学生因我而精彩。这正是学校的"教风"。

这不是妄自尊大，也不是夸夸其谈，而是每一位师者心底最真切的期盼，更是每一位师者一切行动的方向标。身为教师，其教育使命在于：用人格孵化人格，用智慧点燃智慧，用生命影响生命。学生因我而变——这是为人师者最大的幸福。或者，也可以说，师者的教育使命，就是充当一位燃灯者，成为学生黑暗中的光亮，寒夜里的暖意，他们伫立于路的一端，引领学生前来，再亲自护送学生一路前行，默默在他们的身后守候。学生的自发成长，总是带有些许的盲目性和不确定因素，他们常常在大千世界中被种种"象"所迷惑，也容易在价值诸元的冲突中，迷失自我而陷入停滞甚至倒退，如果在人生湍流的拐角，可以顿生领悟，经师者耐心点拨，则能成为一件幸事，这番道理，化在教育上，便是师者的意义所在。"是知灯者，破愚暗以明斯道"，凡对光明有向往的，皆受恩于每一位燃灯者——他替你决绝过了，从此你不会被黑暗压碎。

每一位师者，都在平凡的工作岗位上，视育人为信仰，传道为使命，于潜移默化间，教会学生对职业保有尊重和虔诚，在细枝末节中，影响学生对技艺的专注与雕琢，于无声无痕处，以德育德，以智启智，以情动情。

四、不一样的我

个体的生命，都没有高下优劣之分，都有属于他们的独特的一面，在世界的任何一个地方，闪耀着不同的光芒。

有一首歌中唱到，我就是我，不一样的烟火。我们可以把这句话看成是青年人摆脱桎梏，追求个性解放的强烈需求；但更可以看成是青年人心中的呐喊，想要成为不一样的那一个。那么，把这句话略略改动一下，或许更合适，"演绎不一样的自己"，这就是我们学校的"学风"。个体都需要在社会中证明自己的价值，在团队中凸显自己的价值，在奋斗中展示自己的价值。

爱因斯坦有很大成就，爱迪生和鲁班也同样；白居易诗中曾说"天下无正声，悦耳即为娱；人间无正色，悦目便为姝"，也是一个道理，适合的就是最好的，个体的生命，都有属于自己的一方天地，一寸舞台。"我们"需要头脑聪明，但更需要双手灵巧。在人工智能时代呼啸而来的背景下，我们职校生是社会金字塔层的坚实基座，代表着技术技能型人才的未来。

"演绎不一样的自己"这一学风的提出，正是基于职业教育与普通教育不同的办学模式，相同的育人理念。每一个选择职业教育、选择匠心的学生都能共享"人生出彩、梦想成真、一起成长"的机会，演绎人生别样的精彩！

助力职场

一、如何打理中职生的"秘密花园"

"亚健康"一词最早出现在 20 世纪 80 年代。80 年代初期，苏联学者发现了这种非健康非疾病的状态。世界卫生组织有一项全球性的调查，关于现代社会亚健康人群的变化情况。调查发现，随着社会的发展和生活节奏的加快，"亚健康"状态人群比例不断上升，且比重逐渐偏向于青少年人群。

用科学的解释来说，亚健康是介于健康与疾病之间的第三状态。亚健康主要分为以下几种：身体成长亚健康、心理素质亚健康、情感亚健康、思想亚健康、行为亚健康。现在出现在青少年身上的主要是心理素质亚健康和身体成长亚健康。其中尤以心理素质亚健康为重。

青少年，是一个民族旺盛生命力的表现，是社会文明进步的标志，是一个国家综合实力的体现。而当充满活力的青少年渐渐远离健康的行列，成为亚健康的"新宠"时，我们整个社会才渐渐意识到问题的严重性。当下，青少年"未老先衰"，健康水平下降，亚健康状况普遍存在，而且心理问题越来越突出，大大影响了青少年的健康成长。

当前，由于社会生活水平的提高和以静代动生活方式的流行，青少年超重、肥胖、糖耐量异常等身体健康问题已经越来越明显。与此同时，日益增加的升学就业压力，再加上青少年的应对能力和资源不足，使他们的心理压力也越来越重，渐渐处于"心理亚健康"状态。严重的甚至导致厌学、逃学、弃学、暴力、轻生等事件。

中学生作为一个特殊的群体，正处在一种特殊的社会地位上，扮演着特殊的角色。在这样一种身心发展不平衡的状态，又受着各种不同因素的影响，因此，中学生的心理亚健康特别严重。在不少中等职业学校，也同样存在这种问题。所以，中学生的心理亚健康状况应该引起社会的高度重视。

细究起来，引起心理亚健康的因素主要有以下几点：

1. 积压已久的"传统包袱"

由于家长"望子成龙""望女成凤"与学校追求升学率和优秀率，中职生会有课业（包括理论与实践）负担过重的烦恼。而家长和老师内外施加的压力，逐渐演变成他们日渐滋长的心理压力。然而，在学校里本来就没有多少舒缓压力的方法，很少的、有限的休息和锻炼时间也随着课业的加重逐渐变少，甚至消失。以至于他们的身心锻炼的时间均严重不足，身心都遭到了长期的不同程度的损害。

如今的青少年，耐力、力量、速度等体能指标持续下降，同时，"眼镜族""低头族"的队伍却越来越庞大。青少年中，肥胖的比例明显增加，相当一部分青少年睡眠不足，心理发育不健康，很容易出现行为过激，社交障碍和情感冷漠等问题，更有不在少数的青少年网络成瘾，沉迷于虚拟世界不可自拔。

2. 快时代的"情感荒漠"

如今社会节奏加快，不少家长身为忙碌的"上班族"，整天在工作单位和家之间奔波劳累，渐渐力不从心，生活所迫，慢慢减少了对家庭、对孩子的关心。

家长对孩子的忽略不仅是学习、健康更是生活，青少年的亚健康状况跟家庭的健康状况也有很大关联。

部分家长忽略了孩子的饮食营养问题，使孩子的免疫能力大大下降。良好的免疫能力是决定个人健康的关键，而营养摄取的均衡完整则是维持免疫力的重点，营养不良及不均衡时整个免疫系统会衰弱，会增加病原体入侵成功的概率。现阶段的青少年饮食中出现的问题有过量的脂肪、酒精、精制糖、药物的摄取等。它们有的会增加自由基的产生，有的会加快营养素的消耗，有的会减弱免疫细胞的功能，有的会抑制营养素的吸收。这些东西往往都出现在生活中一些常见的吃食，也是青少年很容易吃到的食物：油炸食品、零食、汽水、可乐中。另外，许多青少年自己都不注意饮食习惯，如不按时吃早餐、用餐不规律、为减肥而节食。这些不良的饮食习惯，造成青少年营养不良、体质虚弱，从而影响学习，造成营养摄取不足，长久下来变成饮食无规律，对身体造成伤害。

而造成身体伤害的同时，也会无可避免地造成了心理上的关爱缺失。当孩子很久没有体会到合家团聚，其乐融融的中国传统餐桌之乐时；当孩子每次都是孤独一人吞咽早饭甚至一日三餐，他们的内心必然会感到荒凉与孤寂，出现心理问题也就不足为奇了。

3. 社会带来的"心灵动荡"

除却学习压力和健康因素，青少年同时还面临着人际关系、情感冲突和经济压力等诸多问题。青少年身处社会之中，难免受到各种不良思潮的波及。青少年这个特殊时期，是人一生中最复杂、波动也最大的时期，是人生发展、塑造内性的关键时期。这个时期的人心理活动复杂多变、心理矛盾、心智不坚和冲突强烈，能否处理好各种矛盾、调节好自己的心理，直接影响着青少年的成学、成长和成才。

如今的孩子作为家中的独生子女，从小被家人捧在手心，就如温室里的花朵，心智本来就不成熟，再加上自身心理调节能力较差，心理状态较为脆弱，舒缓心理压力的经验不多，他们的心理问题便越来越明显，成为心理素质亚健康者，渐渐转变成整个身心的亚健康。

4. 网络魔爪吞噬的"交流能力"

长期的不良情绪或是精神紧张，会使青少年变得脾气暴躁，不愿交流，渐渐自暴自弃或者形成自闭症。通常情况下，这样的青少年往往会迷恋网络，在这个虚拟世界中找到发泄自我的方法。

但最终的结果是他们对现实越来越逃避，对网络越来越痴迷，影响了正常的交际能力与合作能力。有前面情况的青少年往往不喜欢和他人沟通，不喜欢集体活动，只愿意生活在自己的世界里，将一切和他人接触的活动拒之门外。久而久之，一些有助于提高人的健康水平的活动，比如，体育运动、学校活动、小组合作等，都不会出现在这些青少年的生活里，这部分青少年的心理亚健康状况越来越严重。他们在逐渐地失去真实世界里的交流能力。

"世界是你们的，也是我们的，但是归根结底是你们的。你们青年人朝气蓬勃，正在兴旺时期，好像早晨八九点钟的太阳，希望寄托在你们身上！"这是毛泽东同志在20世纪50年代对青年提出的殷切期望，并提出青年学生要"身体好、学习好、工作好"，把"身体好"放在了"三好"之首。

"功崇惟志，业广惟勤。"没有理想信念，就会导致精神上"缺钙"。"若无德，则虽体魄智力发达，适足助其为恶。"心理亚健康往往是与栋梁和希望相悖的。

随着青少年亚健康状况的不断加深，我们应该采取积极的措施来应对并遏制，从而提高青少年的整体素质。

当前，已经有很多学校意识到了这一点，开始对青少年的心理亚健康问题越来越重视，相当部分学校都开辟了专门的心理咨询室，配备了至少1名持证上岗的心理咨询师。

心理咨询室的成立，心理健康活动的开展，通过各种数据表明，具有一定的效果。一部分学生会带着自己的问题敲开心理咨询室的门。

但也存在需要改进的地方，在许多学校专门设立的心理健康教育点中，进行心理健康活动的方法缺乏创新。通常由老师扮演"知心姐姐"的角色，倾听学生的倾诉，同时进行适当的开导沟通，主要以聊天为方式，但并没有使用一些心理辅导的道具来让学生发泄压力，比如，呐喊、击打等。

现实的情况表明：如今的在校学生，并不适合这种只在浅层次改变的方法，如果需要改善，必须实行颠覆与创新。学校首先要一改原先陈旧的心理教育方式，要让青少年学习主动积极地树立正确的健康观念，进而培养健康行为。

1. 寓教于乐，寓导于嬉

用开展集体游戏的方式来进行治疗，其中，体育游戏是一种综合性的教育手段。体育游戏是以身体练习为基本手段的身心锻炼活动，它的首要作用是健身，但是它又不同于其他游戏的地方在于：体育游戏能够增加参与者之间的肢体接触，促进他们之间的了解，使这些心理亚健康者打破个体的禁锢，用肢体语言进行交流，进而渐渐融入新的集体生活中去。在这样的活动中，这些青少年慢慢学会互相帮助和互相理解，从而在学习和生活中降低负面情绪，有效地使游戏参与者由亚健康状态走向健康状态。学校也应该培养学生良好的锻炼习惯，创造宽松、和谐的教学环境，重视培养学生的个人兴趣，充分尊重学生的个性，使学生在轻松活泼的气氛中学习，逐渐提高他们的心理和身体素质。

2. 从被动等待到主动实施

在学校所设立的心理咨询室中，心理老师不应该只满足于"坐镇"咨询室，被动等着学生上门询问，而应该主动走进教室，走入课堂，实施走课制，分批次对学生进行心理健康讲座，采取一种集体心理健康指导的模式。大多数青少年存有强烈的自尊心，一般不会主动去咨询室寻求老师的帮助，所以就需要老师主动去留心学生。

而在心理老师与学生的交谈中，老师也应该一改以往的方式，不适宜直接进入主题，而应该循序渐进。询问过程中，不应该是学生一个人说，也不应该是老师一个人开导，而应该是老师和学生像普通交谈一样一起说，让学生全然没有紧张感和压迫感。这样就有利于解决学生隐藏的心理问题。

3. 从"心理老师"到"心理伙伴"

另外，有一部分学生不擅长和老师这样的长辈交流，面对老师时不能完全表达内心，这时就需要有学生代替心理老师，对学生进行心理指导。面对同龄人时，学生往往比面对长者来得自然，所以治疗效果会更佳。

笔者认为，一些热心、善良、耐心且对心理健康感兴趣的学生可以组成一支心理健康护卫小队，首先由心理咨询师进行专门的培训和指导，然后发挥他们特殊的效用，执行一些老师或许不方便做的事。比如，事先了解班级同学之间哪些人可能存在一定的心理健康问题，哪些人对于同学之间的相处或交流存在问题，哪些人需要心理健康咨询和辅导等。然后耐心地引导他们，先进行一些简单的心理指导，再鼓励他们去寻求老师的帮助。有了同龄学生的帮助，那些存在心理亚健康现象的学生一定能大大改善他们的心理状况。

4. 家校联手，共同关注

学生的心理健康的影响因素来自生活中的方方面面，所以作为学生家长也应该要给予足够的重视。在家庭方面，家长担负着养育子女的义务和责任，了解子女健康成长的影响因素是十分重要的。在原本对孩子关心的基础上，家长应该主动学习有关孩子健康成长的相关知识，与学校、社会联手，共同帮助青少年完善人格，保持良好的心理状态，确立正确的自我认知，保持心态的平衡。家长要利用生活的良机，教会孩子适应社会的方法，为孩子将来的健康成长奠定基础。

美国、英国、法国、瑞典、日本等这些国家都高度重视国民尤其是青少年的身体健康问题。政府针对青少年体质下降的问题提出发展目标，高度重视从小学到大学的体育课，青少年体育活动作为现代生活方式之一，已经渗透到家庭的日常生活中，并成功改变了人们培育青少年的价值观念，让青少年有健康的体魄和坚毅自信的性格。

中国已经将青少年的身心健康摆在了重要的位置。保障全民尤其是青少年的体质健康是关系国家和民族长盛不衰的重中之重。中国接下来应该进一步关注青少年心理健康课程的推进，普及心理健康知识，传授必要的心理健康方法，为青少年的身心健康保驾护航。

眼观青少年的身心健康发展趋势，关注并解决青少年的身心亚健康问题，尤其是心理亚健康问题刻不容缓。呼吁社会共同打理青少年敏感而多变的"秘密花园"，令他们的"心灵花园"繁花似锦，沐浴阳光。

二、"课程包"与你同行职场

笔者主持的南通市职业教育职业体验"课程包"建设项目——《职场应用文的写作与实践》，以"做学教合一"为核心，依托学校超星平台，以网络课程模式，前后历时8个月，取得了一定的成效，已顺利在全市推广应用。

课程包的内容设计：

《职场应用文的写作与实践》课程包建设，致力于以实践推行课程，在职业体验中逐步提升中等职业学校学生的人文素养与职场素养。课程包整体架构的9个项目，一共涵盖了生活中常见的15种职场应用文，总共16课时，折算学分5。在轻松有趣的职场闯关中，职场应用文由易到难，在相应的情境中展开教学，学生结合情境，依据所学，逐一完成教师设置的相关任务。本设计贴近职校生的学习与生活，注重学生职场体验，采用线上线下交互式学习，做学教合一，具有综合性、实用性、工具性、创生性特征。由易到难，循序渐进，创意设计为职场新人的一趟"闯关游戏"，在课程包相关项目的系列学习中，学生真实体验如何从一个"职场小白"成长为一位"职场新锐"。

课程包的选择与定制:

本课程的建设,汲取了"跨界融合"的灵感。"跨界融合",是指跨越不同领域、不同行业、不同文化、不同意识形态等范畴所拥有的共性和联系,把一些原本毫不相干的元素进行融合,并由此引发新的思维方式和创新模式。对于教育上的跨界融合,可以理解为一种学习方式的革命。它可以是广义的,包括跨行业、跨领域、跨文化甚至是跨时空的,是跨越教学工作的边界,向外界学习并寻求多元素交叉的新型学习方式;也可以是狭义的,即专指学校教育教学过程中不同学科、不同年级的教师组成大小不一的、灵活的新型教研组。在跨界教研活动中,各学科教师不再是各自为政,而是相互融合,在对话和交流中提高发现、分析、解决问题的能力。

"跨界"的主要目的是为了"借智"。培养"跨界思维",也即大世界、大眼光,用多角度、多视野看待问题和提出解决方案的一种思维方式。人类的科学史、发明史不止一次地证明:创新总是发生在学科的交叉地带、边缘地带,离不开跨界思维。

(一)基于学科内的课程融通

将新职场应用文写作与研究置于语文学科之下,与中国优秀古典诗词相结合,融古于今,集审美与技能于一体,提升内涵,濡染文化。以《念奴娇·赤壁怀古》一课为例,在理解人物、剖析背景、诠释作品的基础上,融合创作海报、广告词、求职信、寻人启事等要求。在自主创作应用文的过程中深入理解古典诗词,不断增进职场素养。在教学过程中设计了"古典诗词"玩转"现代职场"的环节。将学生普遍有畏难情绪的"职场写作"与"古典诗词"组合在了一起，产生了奇妙的化学反应。《念奴娇·赤壁怀古》里的苏轼与周瑜如果身处职场，作为"现代职场人"，他们又会遇上什么问题？又将展示什么样的才华？学生代入角色，既有新鲜感，又有自豪感，学习的主动性与热情就被激发出来了。

（二）基于"学科+"的课程融通

将新职场应用文写作与实践与中职其他主干学科有机融合，集中相关学科的不同优势，放大研究项目的独特优势，形成"叠加"效应。以学生自主筹办学校或系部"新年晚会"为例，其中涉及语文、美术、音乐、科技等多门学科，在解决一系列问题的过程中，学生的文案创作能力、规划统筹能力、社交沟通能力、审美甄别能力等都得到了锻炼与提升，为今后的职场生涯奠定扎实的基础。

（三）基于"地域+"的课程融通

将新职场应用文写作与实践与本土地方企业相融合，依托学校的校企合作基地，校园文化与优秀企业文化互为影响，彼此深化，在企业实践中运用课程，体验职场，规划职业生涯。以笔者所在学校的校企合作基地——"满庭芳"餐饮集团为例，旅游、烹饪与建筑专业的学生，既参与到企业日常，又能以企业为平台，广泛接触其他地方的餐饮文化，开阔视野，增进交流，在各类对外交流活动中，学生积极运用采访、产品推介、设计活动方案以及创意菜式说明等新职场应用文能力，并在实践中逐步得以提升。

（四）基于"智能+"的课程融通

将新职场应用文写作与实践与人工智能相融合，建设职业教育

"职场体验课程包"，着重训练学生的职场素养与人文素养。未来"人工智能"与"职业人"的较量，是思维能力的较量。以新职场应用文写作与实践为例，"人工智能"与人的区别，不再是写作能力的差别，而是写作过程中情感温度的差别，人性高贵的差别，善意交往的差别，权衡折中的差别。"人工智能"可以将应用文写得规范；人可以将应用文写得富有情感，在遣词造句上，人既有缜密的思维，又有个性的语言特征。以"欢迎辞"为例，人可以根据不同的场合，灵活机变，既入情又入理，又幽默又生动。

当然，以上这四种"跨界"，并不是单独存在，四者本身也是一种交叉状态，互为补充，互为影响。

课程包建设的效果与反思：

本课程包建设基于中职学生普遍的写作畏难情绪以及当前社会把应用文写作能力视为现代人必备的五大核心能力之一这样的整体认知背景，联想到未来"智能＋"的不远前景，以及"智能＋"对学生职场能力与生活素养的双重施压。因此，主要选取与学生生活、职业等紧密联系的常用职场应用文文种，根据它们之间的内在联系，以串联的形式对相关教学内容进行了项目整合。在课程建设中始终把培养学生"适应特定场景情境的能力"和"自主动手写作的能力"放在突出的位置，通过应用文写作基础理论和各种应用文体知识的教学与写作训练，使学生熟练掌握应用文写作的基本知识和常用技巧，提高新职场应用文的网络写作能力，并学习如何运用写作能力来解决常见的职场问题，以适应当前和今后在学习、生活、工作中的职场需要。在课程包建设中，重点训练职场应用文的案例分析和职场模拟写作训练，学习如何对职业生涯进行整体规划与设计，从而具备未来职业生涯所必须具有的可持续发展能力。

　　课程包的整体实施，主要以15级"3+4"自动化专业为实验对象。在一个学期的实践运用中，学生掌握了9个项目15种职场应用文的写作技巧和手法，并能熟练运用到模拟职场和校园实践中去。9个项目的实践作品以及相关测试，成绩都不错，尤其是学生互评环节，更是亮点颇多，大家都有独到的见解。以学生社团活动为例，关于社团招新、文案策划、LOGO设计、邀请嘉宾、到活动组织、联系企业、制作标语、张贴海报、租借场地等各个环节，学生都能运用课程包所学，运用应用文写作能力周密安排，妥善解决。

　　在此基础上，课程包的实践运用，又逐渐从实验班扩展到了各系部各专业班，并重点引入了学校目前运行的10个学生社团进入课程包进行系统网络学习。从实施效果来看，学生积极性很高，参与度颇广，课程包建设组对教学班级进行了数据比照分析，发现学生对于职场应用文写作一是存有类型混淆，二是语文不够规范也不够凝练，三是创意度体现不足。针对以上问题，课程包建设组及时调整9个项目中相关应用文的难易程度以及彼此衔接，并制作上传了教师讲授微课。后阶段，将进一步归纳总结课程包建设中的优点和不足，及时加以调整，继续上传优秀案例，贴近学生，紧扣职场，面向全市职业学校开放使用，进一步放大课程包的实施效果。

附：教学项目范例

　　本项目将学生普遍有畏难情绪的"职场写作"与"古典诗词"

组合在了一起，产生了奇妙的化学反应，无痕叠加，趣味无穷。"古今穿越"，《念奴娇·赤壁怀古》里的苏轼与周瑜摇身一变"现代职场人"，他们又会遇上什么问题？又将展示什么才华？学生代入角色，既有新鲜感，又有自豪感，学习的主动性与热情就被激发出来了。

在蓝墨云班课上，教师设计了若干组循序渐进由易到难的学习任务，课前，学生首先依托网络平台自主学习网络课程《职场应用文写作与实践》，完成相关项目作业，巩固职场应用文的规范写作与理论，储备知识。然后登陆蓝墨云班课，进入学生小组，合作完成老师布置的学习任务，同时展开讨论与问答，进一步廓清知识，巩固技能。教师进行数据统计，并实时关注学生答题状况，即时解答学生问询并参与学生讨论。课上，一是课堂展示各小组优秀作品，小组发言人现场进行阐述，全体学生现场投票评选"最佳"，结合诗词本身的特点以及对作者、作品的理解与把握，学习任务分别设计为图文海报、创意应用文、作品微点评。其中的"创意应用文"，四个学习小组分别选择了：苏轼的求职信、苏轼的喜帖、苏轼的广告词、苏轼的寻人启事。在完成任务的过程中，学生的思维能力、职场能力、社交能力、审美能力同时得到了提升和强化。课后，将任务进一步加大难度系数，要求学生结合本组作品，创作一节时长5分钟左右的"应用文微课"，这就需要学生进一步调动学习的主动性，融合其他学科、其他领域，创作作品，体味学习的快乐。以上所有资源都可以在蓝墨云班课和网络课程《职场应用文的写作与实践》中展示与反馈，学生的智慧与创作都可以留痕。

三、"小社团"淬炼职商

德国教育家雅斯贝尔斯说："教育是人与人精神相契合，文化得以传递的活动。而人与人的交往是双方（我与你）的对话和敞亮，这种我与你的关系是人类历史文化的核心。可以说，任何中断这种我和你的对话关系，均使人类萎缩。"

（一）建设背景

原味语文名师工作室正是在追求这样一种理想：师生共建一个或几个自由对话，独立研判，传统经典与网络时代无痕融合的学生社团，回归学生本色的纯真，滋养学生蓬勃的生命，彰显学生迥异的个性。

之所以选择"剧社"这种类型，是基于戏剧这种传统的文化意义，是基于中西文化的交流与碰撞，也是基于00后学生的显著成长特点。第一，古人云：关乎人文，化成天下，其中就包含戏剧的教化意义。但戏剧的意义更在于文化的传承和文化的批判。第二，中外经典戏剧所蕴含的文化特质既有相通之处，又有不同之处，以戏剧为媒介，可以深入了解不同文化之背后的社会特质与人性表达。第三，00后成长在当下鼓励创新和自由的环境中，受媒体和市场影响，他们与成人世界无缝对接，已形成独立自主的性格。然而，即将步入职场，面对未来，难免会焦虑和茫然，因此，从持续学习和终生发展的角度，助力职场，提升自身的文化底蕴和生活品质，成了他们迫切的需求。

因此，微光剧社借鉴芬兰"主题教学"的理念，契合本校本土的特点，以"主题"来整合学科，还原生活，体验生活。

在"表演"这样一种外放的形式中，既传承几千年中国传统文化浸润而成的灵性的活泼，缜密的思维，含蓄的审美，礼仪的内化；又展示独特江海地域滋生的风姿雅妙、大气沉稳的"苏派格调"，在中西文化与思维的碰撞中交融，又在这种交融中坚守优秀的传统文化。借由丰富多彩的社团活动，学生对经典，对传统，对文化理智地热爱，自发地传承，大胆的创新。

（二）基本情况

江苏省海门中等专业学校戏剧社——"微光剧社"，成立于2014年9月，目前已成为学校五大"精品社团"之一。铁打的"社团"，流水的"兵"，每年，微光剧社都会纳新，经过笔试与面试，成员基本保持在20人左右，基本涵盖了学校各年级各专业。本着"自愿参与，择优遴选，以老带新"的原则，吸收了一批热爱艺术，热衷表演，各有专长的学生，在社团这个平台上展示自我，提升自我。目前社团有专任指导老师2人，固定活动场所为可以容纳150人的学校謇翁楼"小剧场"，按照学校社团经费管理办法，社团每年拥有固定活动经费1万元，列入学校原味语文名师工作室专项资金。

（三）经验特色

主打经典。微光剧社以戏剧表演、吟诵经典、作品创作为主打，以"微光，点亮青春"为社团口号，旨在：致敬经典，浸润文化，以艺蕴德，展现"每一个"朴素的生命力，灵变的创造力，多彩的个性力。所有的社团活动均以"向经典致敬"为主题，引领学生在各种跨界体验中明辨是非，提升素养，滋养人性，培养审美，传承文化。

社团徽标目前采用的 LOGO 设计，是全校手绘 LOGO 大赛最终产生的最佳作品，设计者为微光剧社成员 14E11 班学生张祺宗。

社团 LOGO 的创意点为"眼睛里的星星"，学生用黑白两色手绘了一只立体的"眼睛"，凸显眼睛里的点点"微光"，寓意：眼睛是心灵的窗户，眼里的那点微茫，如同黑暗中的那一点微光，虽然渺小，却给人以力量，刺破黑暗的苍穹，带给人无限的希望。

形式丰富。微光剧社每周定期开展活动，先后开展了专题讲座、主题沙龙、中外经典话剧"折子戏"展演、校园剧"串串烧"、唐传奇新编、古典 PK 现代、海报大赛、剧本大赛等多种形式的活动，不仅活跃在各种比赛舞台，更走向社区，走进企业，联手"海门市大学生联盟"，进行了多场次的地方公益演出。

制度严谨有序地发展，丰富的形式，得力于微光剧社的整体规划与精细管理。《微光剧社社团章程》《微光剧社活动管理条例》《微光剧社经费使用办法》等一系列简明规范的社团制度，高度执行；社团招新，笔试与面试相结合，成员入社需要填写《社团申请表》《成员登记表》《社团承诺书》等，以这样的仪式感培养成员的归属感和责任感；每学期，社团成员的个人计划与个人总结都要进行汇总和反馈，计划和总结，注重个性化，既有刚性要求，又有弹性发挥；每一次的社团活动，都同时保存文字与影像资料等第一手资料，便于研究和改进；社团每一次参加大赛或是汇演，都有详细的活动方案，团队协作，分工明确。

微光剧社始终坚持严进严出，入社先选拔，社规是铁律，周周有考核，演出凭实力。每周固定活动2次，每次时长不少于1小时，其中，理论指导与实践指导交互进行。尤其是台词演练环节，是全体成员最喜欢的一个环节，时间安排在下午或晚上。每次举行集体活动，都履行严格的请假制度，成员向班主任提出申请，社团负责人向学校提出申请，一旦有成员无故缺席或迟到，立即取消其社团成员资格，活动内容则严格按照学期制订的社团授课计划展开，活动后的自我小结和综合评价即时跟进，既提炼经验，更反思不足。

（四）特色亮点

微光剧社运转至今，积累了不少经验，也逐渐走出了自己的社团建设之路。其中，"跨界融合"的理念，成为社团建设的"灵感"与"主脉"。其实，在这个热词没有出现之前，学校的社团活动已经在朝着这个方向不断探索与尝试，至少已经进行了局部的"跨界融合"，等这个热词出现，它的概念与运用都很宽泛。也就是说，它只是指明了一个方向，指出了一种可能，而在这个概念之下，各种教育教学的尝试，本身就具有很强的自主性，社团建设的"跨界融合"，也从"隐"走向了"显"。

党的十九大报告中，明确提到了"文化自信"这一概念，要求全民行动，深入挖掘中华优秀传统文化蕴含的思想观念、人文精神、道德规范、结合时代要求继承与创新，让中华文化展现出永久魅力和时代风采。"文化自信是更基础、更广泛、更深厚的自信，中华文化独一无二的理念、智慧、气度、神韵，增添了中国人民和中华民族内心深处的自信和自豪。"

微光剧社的建设核心，正是牢牢把握传统文化、人文精神，着力挖掘中华民族的文化之"根"，精神之"魂"，演经典戏剧，寻文化基因，品传统内蕴。

以微光剧社最近开展的"传统经典玩转现代职场"主题活动为例，社团历时2个月，排演经典话剧《茶馆》"折子戏"，整则"折子戏"正式演出时长18分钟，以《茶馆》第一幕为背景，将剧中几位主要人物进行了"新说"。从遴选演员、改编剧本、活动策划、组织排练、联系场地、舞台设计、制作海报和宣传语、服装赞助、谈戏说戏，全部由社团成员自主完成，社团指导老师主要负责查漏补缺、精细完善，表演打磨，并根据排演的进程，不时给予建议和提出修改意见。

为了将经典与职场巧妙融合，在表演中提升综合能力，社团指导老师预先在班级"云班课"和学校精品网络课程《职场应用文的写作与实践》中提供优秀的本校教师团队自行设计的网络资源，帮助学生智慧留痕，迸发灵感。社团成员在自主学习的过程中，进一步调动学习的积极性、主动性、与协作性，融合其他学科，联系其他领域，运用多重渠道，体味学习和创作的快乐。最终，整个主题活动，有条不紊，顺利举行，现场表演深入人心，赢得了全校师生的认可和赞扬。

传统经典融入职场元素。结合中职学科特点与学生职业生涯未来发展的需求，以十九大精神为参照，以"识人，诵情，读心，承气"为主线，彰显文化自信，在经典话剧的排演中融入实用职场应用文的写作及实践，并实现职场应用文写作能力的梯度跃升。譬如，学生在图文海报的创作过程中，融合语文、美术、文秘、财会、服装等多门学科，联手不同专业的同伴，不断深化人物理解，提升审美能力，传承优秀文化。在这样一种看似"无厘头"的"嫁接"中，一是深刻体悟到打破"栅栏"的重要性，融通"无国界"，大胆尝试，大胆创新，课程改革就在一次次的尝试与体验中。二是深层思索"跨界融合"，所谓"跨界"，最重要的是一种思维方式，应"有据可考"，而不是胡乱"融合"，端出一锅面目模糊不清，气味混沌不堪的"大杂烩"。智慧的"跨界"，是契合学科特点、分析学校实际以及学生学习、生活实践，无痕融合，和谐融通，"当和则和，当舍则舍"。

自媒体时代玩转 App。所有的社团活动在训练和学习中，都用手机终端来呈现、交流和展示，通过云班课、泛雅平台和全民 K 诗等 App，学生在宽松、自由、民主的学习氛围中，学习如何大浪淘沙，在网络中遴选优质资源；如何果敢冷静，在网络嘈杂的"轰炸"下保有自我独立的判断；如何高效运用，将网络这种工具交叉运用得更娴熟。

在实践运用中，学生学会合理驾驭手机等移动设备，什么时候用，怎么用，用了之后如何反馈，都逐渐明晰。所有的平台，只有在运用中才有价值；所有的互动，只有在交流中才有意义。如果将网络视为一种工具"利器"，那么它可以"锋利无比"。而团队活动中的成员与成员彼此之间的倾听交流、情感传递、彼此欣赏、共同享受成功的体验等则显得更为重要。这些活动中积蓄的经验与能量，日后都会转化成职场的养分。

过程性评价全覆盖正是因为一个主题活动往往涉及了许多方面，

学生展示自我的机会也相应多了起来。从目前社团采用的评价方式来看，已经从结果评价到过程性评价，从单一评价到多元化评价。社团评价表更为细致和科学；评价标准具体明确，层级分明，可操作性更强。譬如，一项活动任务中，表达交流为一个部分，撰写文案为一个部分，现场展示为一个部分，每一部分都设有相应层级。学生善于表达的，可以在口语表达环节拿高分；学生不善言辞，但是逻辑思维严密的，可以在书面作业中拿高分；学生绘画设计抢眼的，可以在创作设计环节拿高分；学生擅长组织策划的，可以在组织策划环节拿高分，这样一来，更能增强学生的学习自信。

（五）建设成效

从2014年9月至今，微光剧社已经走过了整整五年，社长换了三任，但每一届新的微光剧社的组成，我们都会组织全体成员参观社团的"荣誉墙"和"电子相册"，新老社员一起参加主题沙龙，交流经验，互相学习，传承精神。

迄今为止，社团收获了不少成绩，除了每学期的一场"大戏"和"小戏"，"大戏"是指学生自编自演的校园剧，小戏是改编自中外经典话剧的"折子戏"；校园剧《别问，问就是爱学习》，《威尼斯商人》折子戏、《茶馆》折子戏是反响最大的三部戏。演出前，成员们还都是小白，演出后，都成了"演员"。此外，社团还在多个领域"亮晶晶"。全国"文明风采"大赛征文演讲荣获一、二等奖，省"文明风采"大赛荣获9个一等奖，江苏省"苏教国际杯"中学生现场作文大赛荣获高中组一等奖，全国中小学生书信大赛荣获一等奖，全国"禁毒征文"大赛荣获二等奖，江苏省中小学生"成语新说"大赛荣获二等奖，南通市中小学生"学宪法、说宪法"演讲大赛荣获高中组一等奖，海门市艺术节展演荣获"课本剧"特等奖，全市"5.10思廉日"展演荣获"十佳展演"节目，海门市新教育阅读节先后荣获"十佳书香教师""十佳读书达人""我喜爱的一本书"主题演讲特等奖。

荣誉只是衍生，社团成员们的历练与收获才是主要。特别是大家在社团中凝结的团队精神更是珍贵。团队精神，不仅是一种职场态度，更是一种职场操守、个人品质。社团成员们在一次又一次的活动中，知晓了担当，懂得了责任，大胆创新，自由想象，演绎出了青春的纯粹与美好。尤为可喜的是，已经毕业的老社员们，大多都成了所在单位的"文艺骨干"或"笔杆子"，有几个已是单位创意部门主管。

（六）学生感言

4个月，16次活动，2场汇演，"微光剧社"的"戏剧人生"压缩成了一组简单的数字。然而，数字的背后，是鲜活的时间，是吴老师屡屡沉下来的脸色，是某人低垂着脑袋蹲在墙根，是某人匆匆赶来满头满脸的热汗，是某人迟疑着又坚定地说想再试试……中途"换血"，现场PK，分饰两角，即兴发挥，16名成员脱胎换骨，见风就长。现场展演，一群"菜鸟"把自己的能量发挥到了极致。（沈俊）

"微光"，即使光色微弱，亦能在黑暗中指引方向，在幕布余尾点点闪烁。我们这样一个集体，"五味俱全"。所有人都在为展示自我而绘彩，所有人都在为活动精湛而拼搏，每个人都能散发着不同的魅力，都在用自己的表达方式诠释着生命的盛放。角色的体验，情感的迸发，我们真切感受着虚拟环境所带来的真实社会，思考着自己的人生与未来。（赵泽岚）

很多特别的时光都是与社团里的同学们一起度过。已经不止一次担当主角了，每一个角色，我都努力去理解去跟他产生共鸣，把他的情绪带入自己的情绪，把他的形象努力刻画，调制自己的色彩轻轻地上色，再用最细致的手法为他上釉打磨。我希望这个人物是我亲手制作的，他带着他自己的标志，也带着我的灵魂。他是我内心一个角落最好的体现，但又并不是完全的我。在每天都是"现场直播"的人生中，没有重来的机会，所以要尽所能做到最好。这是我的"学会"，也是我的成长。（严世伟）